Chroniques du temps de peste

Du même auteur

De l'air du temps au cœur du monde. Un moine dans la cité, Tallandier, 2019.

La Voix contagieuse. Homélies, Tallandier, 2017.

Cantique de l'infinistère. À travers l'Auvergne, Desclée De Brouwer, 2016. Grand Prix catholique de littérature, 2017.

Les Pères de l'Église et la liturgie, Desclée de Brouwer, 2009 ; rééd. Artège, 2016.

Étincelles IV (2010-2014). Le couvre-feu, Ad Solem, 2015.

Chante et marche. Les introïts III, Ad Solem, 2014.

La Parole en son Royaume. Une approche liturgique, Ad Solem, 2013.

Mer en ré mineur, Éditions du Gerfaut, 2013.

Chemin de croix, Médiaspaul, 2013.

Aimer les monastères. Une passion à partager, Éditions du Mesnil, 2013.

Chante et marche. Les introïts II, Ad Solem, 2012.

Chante et marche. Les introïts I, Ad Solem, 2012.

Poétique de la théologie, Ad Solem, 2011.

Étincelles III (2006-2009), Ad Solem, 2010.

Sermons aux oiseaux, Ad Solem, 2009.

La Liturgie. Art et métier, Ad Solem, 2007.

Étincelles II (2003-2005), Ad Solem, 2007. Prix 2008 du livre de spiritualité Panorama-La Procure.

Te igitur. Le missel de saint Pie V, Ad Solem, 2007.

Pélagiques, Éditions du Gerfaut, 2007.

Missa Solemnis. Poèmes marins, Éditions du Gerfaut, 2005.

Nazareth, maison du livre, Ad Solem, 2004.

Étincelles, Ad Solem, 2004.

« Pour toi, quand tu pries… », Abbaye de Bellefontaine, 2000.

Quand la Parole prend feu. Propos sur la lectio divina, Éditions de Bellefontaine, 1999.

François Cassingena-Trévedy

Chroniques du temps de peste

Donner un sens à ce que nous vivons

Tallandier
ESSAIS

48, rue du Faubourg-Montmartre – 75009 Paris
www.tallandier.com

Préface

Il est de ces œuvres qui prennent corps, parfois, sans que l'on en ait au préalable conçu ni le dessein, ni l'étendue, ni le plan. Des œuvres que l'on relègue plus tard, et trop distraitement, sans doute, parmi les œuvres de circonstance. Mais les circonstances ne sont-elles pas magistrales dans notre vie, comme dans la vie du monde, et, lorsque l'on a l'heur de s'en saisir, ne donnent-elles pas matière à ce qui les dépasse, pour cette seule raison qu'elles révèlent soudain certaines profondeurs essentielles de l'auteur des œuvres en question, autant que de leur public ? C'est donc, si l'on veut, une œuvre de ce genre que l'on découvrira ici, sauf à reconnaître que la pure contingence de sa genèse a contribué à lui donner la forme, non d'un divertissement, mais d'une méditation empreinte d'une extrême gravité. Car ce qui émane, ce qui culmine à travers ces textes rassemblés, c'est une espèce de *Ce que je crois*.

Durant le temps de la pandémie de Covid-19 – temps ô combien historique, temps de diagnostic actif pour les esprits autant que de diagnostic passif pour les corps –, j'ai vibré, j'ai frémi, j'ai redouté, d'abord, avec tout le monde, et puis, comme d'autres, j'ai écouté, j'ai observé, j'ai pris de l'altitude et j'ai tâché de mettre sur tout cela des mots, avec une liberté dont j'avais fait l'essai au fil de mes contributions à la revue *Études*, réunies sous le titre *De l'air du temps au cœur du monde* (Tallandier, 2019). Avec une audace plus grande encore, et peut-être sans précédent. Ceux qui voudraient me confiner dans la poésie, dans l'érudition, dans la spiritualité se trompent, en se trompant tout autant sur la nature même de ces domaines sommairement cloisonnés : en fait, le monde, *ce* monde, ne cesse d'attirer mon attention et j'entends ses questions, ses espoirs et ses épreuves comme le son d'une cloche qui m'appelle à me rendre, avec ponctualité, à je ne sais quel office solennel qui commence. Être à l'heure exacte de l'Histoire est peut-être le plus grand exercice de piété.

Renchérissant sur le « confinement » intrinsèque à la condition monastique, les confinements successifs, nécessités par la pandémie, ont bientôt avivé en moi le sens d'une responsabilité sociale, comme s'il m'incombait de convertir en modeste service rendu la relative tranquillité dans laquelle je passais ces temps d'épreuve collective, au regard des détresses de toutes sortes que traversaient tant d'autres : n'avais-je pas le devoir, moi aussi, de dresser, pour qui en aurait besoin, pour qui s'en découvrirait le besoin, un hôpital de fortune ? Les grandes calamités publiques entraînent une mobilisation générale à laquelle tout un chacun s'efforce de répondre, à la mesure des compétences qui sont les siennes. À condition qu'elle procède du silence et d'un patient travail, l'écriture a elle aussi, j'en suis persuadé, une authentique mission « hospitalière », thérapeutique, « politique », au sens le plus constructif de ce terme.

Usager, depuis de nombreuses années déjà, d'un réseau social que, pour des raisons de patriotisme autant que d'euphonie, je préfère appeler de son nom français, le « Livre des visages », il m'est venu à l'idée, sur le seuil du confinement, d'adresser à mes « amis », connus ou inconnus, un billet d'encouragement et de réconfort. Sur la fin d'un carême qui ressemblait fort à la claustration des animaux dans l'arche de Noé sous l'effet du déluge, j'ai réitéré ce geste de consolation fraternelle, et c'est ainsi que, poussé par je ne sais quelle force irrésistible, par l'urgence d'un ministère inédit, je me suis obligé à marquer, à « célébrer » chaque dimanche du temps pascal par la publication, désormais attendue, d'un nouveau billet. L'on n'aura pas de peine à remarquer la progression qui caractérise l'ensemble de cette suite épistolaire. La progression des billets en longueur, pour sensible qu'elle soit, n'est jamais que l'indice matériel d'une dynamique plus profonde qui les traverse, d'une intention plus foncière qui les anime. Car à partir de la quatrième lettre, et plus encore de la cinquième, intentionnellement appelée « provinciale », le ton monte et la matière s'étoffe, jusqu'à ce que, dans les trois suivantes, conçues comme de véritables articles, l'actualité religieuse et ecclésiale devienne la source immédiate du propos. Après que la neuvième lettre, au terme du premier confinement (celui du printemps 2020), a marqué une sorte de point d'orgue, le second confinement (celui de l'automne de la même année) est venu provoquer une nouvelle série de lettres dont il n'est pas indifférent que le cadre de rédaction soit une retraite dans la montagne. D'autres événements mobilisaient alors mon attention, en particulier les nouveaux coups du terrorisme sur notre territoire français et le débat suscité par les caricatures. C'est donc bien le paysage religieux contemporain qui fait tout le fond du livre, toute l'amorce de son cri le plus personnel, mais aussi (singulier encouragement pour sa publication) le plus largement partagé. La grande césure de la pandémie a suscité l'éclosion de maintes conjectures, de maintes résolutions pour ses lendemains difficiles : j'ai touché, j'ai osé toucher ici à des lacunes qui se devraient avouer, à des abîmes qui se devraient regarder en face. Récapitulation de « pains » hebdomadaires, boulangés pour la survie d'un peuple en disette que ne rassasiaient pas toujours les prouesses d'une liturgie virtuelle, ce livre se veut surtout proposition : il ouvre les perspectives d'une « révolution » dont le premier acte est un immense dépouillement.

Jamais je n'avais eu, je crois, de vie sociale aussi intense ni aussi riche, paradoxalement, que pendant ces jours de confinement étoilés d'écriture. L'idéal eût été de publier, bien sûr, avec ces billets, les réponses, souvent très substantielles, de ceux qui les ont intimement reçus. Car, avec autant d'émotion que d'émerveillement, j'ai vu se lever, s'agglutiner autour de cette correspondance insolite, toute une humanité en quête, toute une Église de l'ombre. Au moins ai-je acquis la certitude expérimentale que la communication par le biais du « Livre des visages » est susceptible de soutenir, loin de toute vulgarité, loin de toute réclame tapageuse, loin de toute concession aux émotions factices, un art littéraire et spirituel véritable. La tâche qui consiste à éveiller, à former, à réparer la conscience chrétienne par l'organe intelligemment sollicité des réseaux sociaux serait-elle dès lors une mutation, tout à fait digne d'estime, du vieux « catholicisme social » ? On trouvera donc ici les *Lettres aux amis confinés* dans leur enchaînement originel et leur teneur native : de très nombreux destinataires, déjà familiers de mes livres ou touchés à l'aveugle par les hasards de la simple pression du doigt sur le clavier, ont exprimé de façon touchante le souhait que tous ces écrits d'accompagnement fussent réunis en un recueil, afin de pouvoir revenir à eux, de les conserver comme le mémorial d'un grand moment d'amitié et de les exploiter comme un document de travail. Voilà leur désir promptement exaucé. Mais rien ne me tient plus à cœur que de leur exprimer ma gratitude pour ce que je leur dois moi-même. S'enracinât-elle dans un certain silence fondamental, en effet, la parole s'éteindrait bientôt si elle ne rencontrait la chair, si elle ne prenait chair dans un écho puissant qui lui réponde.

Frère François Cassingena-Trévedy, OSB
Le Mont-Dore, 5 décembre 2020

Confinement

« Rien n'est si insupportable à l'homme que d'être dans un plein repos, sans passions, sans affaire, sans divertissement, sans application. Il sent alors son néant, son abandon, son insuffisance, sa dépendance, son impuissance, son vide. Incontinent, il sortira du fond de son âme l'ennui, la noirceur, la tristesse, le chagrin, le dépit, le désespoir… Quand je m'y suis mis quelquefois, à considérer les diverses agitations des hommes, et les périls et les peines où ils s'exposent […], j'ai découvert que tout le malheur des hommes vient d'une seule chose, qui est de ne savoir pas demeurer en repos dans une chambre. »

Blaise Pascal, *Pensées*, 201, 205, Gallimard, « Bibliothèque de la Pléiade », 1936

Il y a tout au fond de nous des espaces infinis que nous avons peur de côtoyer et que nous fuyons d'ordinaire. Une occasion nous est offerte en ces jours de les approcher, de les habiter, et de découvrir, au fond du puits sans fond que nous sommes, cette « eau vive qui jaillit en vie éternelle » (Jn 4, 14) et que Jésus indiquait à la Samaritaine. C'est par nos profondeurs essentielles, par nos abîmes partagés, ouverts les uns aux autres comme des vases communicants, que se nouent nos véritables relations sociales. Nos distances nous rapprochent autant que nos caresses, nos majestés respectives autant, et bien davantage sans doute, que nos facilités ordinaires.

Étonnant, ce silence qui s'entend aujourd'hui partout alentour. Qui eût cru que cela fût possible? Nous sommes entrés, malgré nous, dans la gestation d'une civilisation différente, car c'est une civilisation différente qui doit absolument commencer à naître de cette épreuve. Il y a trop de choses dont ne voulons plus, car nous n'en pouvons plus.

Confinons-nous dans l'infini qui fait notre dignité d'homme et notre seule valeur d'échange entre humains.

IN SILENTIO ET IN SPE ERIT FORTITVDO VESTRA

« Votre sagesse sera de rester tranquilles
et de garder l'espérance » (Isaïe, 30, 15)

Union de prière pour le monde de la santé qui se dépense jusqu'à la corde, pour les scientifiques qui cherchent et vont trouver un remède, pour les différents corps mobilisés afin de faire respecter le confinement avec rigueur.

Le confinement est une exigence civique sans dispense : c'est aussi un exercice spirituel. En nous isolant, il nous fait retrouver des liens ; en mortifiant notre frénésie de vivre, il nous révèle le vital de la vie ; en nous mettant en arrêt, il fait de nous les artistes des tâches les plus humbles.

Aux amis confinés

Alors que le nombre des jours où nous demeurons confinés s'allonge – un carême dont le monde avait perdu l'idée ! –, nous guettons, semblables aux passagers de l'arche, le jour où nous pourrons lâcher enfin le corbeau par la fenêtre, puis la colombe, pour voir si, rassurée par la décrue des eaux, elle nous rapportera un rameau frais d'olivier, prometteur d'une libération prochaine (Gn 8, 6-12). Car nous aspirons nous aussi à prendre, à reprendre le frais du monde. À reprendre pied ferme sur cette terre bien-aimée dont nous sommes, décidément, et qu'aucun ciel officiel, aucun paradis artificiel ne pourra jamais nous rendre superflue. Voilà des semaines que notre vie est comme minorée. Des mois, pour ceux qui, plus lucides, ont vu venir de plus loin le fléau (la lucidité, cet avantage peu répandu parmi les hommes, et qui rend l'homme plus vulnérable, plus perméable encore aux grandes épreuves de l'Histoire...). Oui, voilà des semaines que nous vivons sous un soleil étrange, comme il s'en voit aux jours d'éclipse. Un soleil minoré, une lumière contrainte. Car tous ces morts qui nous entourent, toute cette mort qui touche çà et là nos proches et nos amis, notre propre mort qui apparaît soudain comme possible, tout cela éclipse un peu, beaucoup, la lumière de nos jours ordinaires. J'y pense chaque matin en récitant, à l'office de laudes, le cantique de Zacharie : *illuminare his qui in tenebris et in umbra mortis sedent*… « pour illuminer ceux qui habitent les ténèbres et l'ombre de la mort » (Lc 1, 79). Si loin de nous que soit apparemment le fléau, si doré que soit le cadre de notre confinement, notre vie se sent tout bas hypothétique, suspendue, conditionnelle. Et il nous faut porter cela chaque jour, tout bas. Et ce n'est pas rien que cette ombre portée sur chacun de nos jours, que ce poids d'ombre que nous portons chaque jour, que ce poids du jour qui est en réalité un poids d'ombres. Il fait bon parfois nous le dire les uns aux autres, tout haut. Il le faut, même, pour tenir. Nos silences, chaque jour, sont pleins du monde, et nos veilles, et nos réveils, et nos insomnies : cet élargissement inouï de notre vie aux dimensions du monde accélère notre hominisation ; il accélère aussi notre christianisation (celle-ci ne va jamais sans celle-là), et cela est bien plus efficace, pour notre maturation spirituelle, que tous les exercices de dévotion que nous pourrions embrasser à notre guise en temps d'insouciance et de confort. Nous sommes convoqués à un chemin de croix d'autant plus susceptible de nous faire avancer, celui-là, qu'il est réel, qu'il est universel, qu'il est obligé. C'est une chose incroyable comme ces temps que nous vivons peuvent nous faire grandir en gravité.

Oh certes, bien des stratégies officielles de « continuité », bien des volontarismes pressés, bien des télé-ceci, des télé-cela, des vidéo-ceci, des vidéo-cela voudraient nous occuper, nous distraire, nous faire escamoter le présent, comme s'il n'existait pas, comme s'il n'existait déjà plus, comme s'il ne devait pas exister. Harcèlement de la mondanité et de la performativité qui s'avère parfois peu respectueux de la grande épreuve intérieure avec laquelle chacun de nous tâche de se débattre en ce moment, comme il peut, seul, en couple, en famille. Sans manquer, bien sûr, à notre devoir d'assurer la maintenance dans le secteur de nos responsabilités propres, ne laissons pas pour autant des planifications hâtives, des ingérences indiscrètes nous voler l'étrange « grâce » de ce temps qui nous confronte à l'essentiel. Laissons d'abord ce temps passer sur nous, tout le temps qu'il doit durer : cela réclame déjà de nous tellement de patience et d'énergie ! Nous verrons ensuite. Il semble d'ailleurs que certains se fassent grandement illusion (et depuis longtemps) sur la rapidité avec laquelle la machine, les machines reprendront leur train d'avant, si elles le reprennent jamais. Les seuls mots qui ont désormais valeur d'échange indispensable entre nous ne sont plus des mots d'affaires, mais des mots d'humanité.

Notre travail, en ces jours, est de survivre. Chacun le fait avec les moyens du bord. Avec ses moyens matériels, sans doute, mais aussi avec ses ressources intérieures, avec son eau vive intérieure dont le cours varie, parfois, au fil des heures d'une même journée, tantôt généreux, tantôt proche de l'assèchement. Cela appelle entre nous beaucoup d'indulgence et de compassion. Car chaque jour prend en défaut nos belles résolutions de perfection stoïcienne, nos rêves d'auréoles, nos prétentions à l'invulnérabilité, nos fanfaronnades héroïques, notre assurance d'avoir érigé une forteresse métaphysique imprenable, nos certificats d'étanchéité par rapport aux contrées de la chair. Chacun de nous s'aperçoit que l'homme, à l'ombre, *in umbra mortis*, n'est au fond qu'un petit tas de choses, qu'un tas de petites choses, parmi lesquelles il peut s'en trouver de très grandes, voire de tout à fait sublimes (son inaliénable grandeur est déjà de le savoir). Ce que provoque, ce que dégage l'addition de ces jours d'inquiétude et d'effroi, c'est, pour chacun de nous, un *ecce homo* : à toute extrémité, nous nous apparaissons davantage à nous-mêmes et aux autres tels que nous sommes. Oh, si nous avions la simplicité de nous avouer les uns aux autres, en ces jours, je ne dis pas seulement l'humilité, mais la trivialité et le caractère élémentaire, rudimentaire, animal, des rêves qui nous traversent, des envies qui nous prennent, des petits ou des grands plaisirs que nous envisageons pour le jour où se desserrera l'étau ! Cet aveu réciproque, si nous en avions le courage, serait un merveilleux phénomène humain : un phénomène de tendresse. Ce que nous apprend notre incarcération subtile, c'est que nous n'avons besoin que d'une seule chose : aimer et être aimé. Nous commençons, nous recommençons à appeler avec des mots de bénédiction les vivres les plus simples de notre vie : la lumière du jour, le trille de l'oiseau, la voix de l'enfant dans la rue, le visage des proches, le vin et le rire des amis, la caresse de l'être aimé. Au sortir de l'arche, nous cultiverons un *carpe diem* (« cueille le jour »), car il existe – j'en suis de plus en plus persuadé – un *carpe diem* parfaitement chrétien. L'on cueille, non ce qui est défendu, mais ce qui est donné. La suspension de tout ce dont nous usons et abusons d'ordinaire n'est là que pour nous révéler à nouveau – à neuf – la magnificence de tout ce qui nous est donné.

Le *deus ex machina* est mort : le Dieu des explications, des réparations, des compensations faciles, le Dieu « tout-puissant » des châtiments et des craintes primitives, le Dieu terrible que l'on cherche à modifier, à fléchir, par un surcroît maladroit de pratiques. Pour nous, en ce moment, il ne s'agit pas d'ajouter des pratiques, mais d'approfondir, avec Jésus-Christ et en lui, le mystère crucial de notre vie et de notre mort, autrement dit de grandir en gravité. Et n'allons pas soupçonner, de la part des autorités civiles, quelque complot prémédité contre le culte catholique : la clandestinité de notre Pâque 2020 n'est pas l'effet d'une revanche, mais, en un sens, la condition naturelle et « natale » de la Pâque, mais une occasion d'explorer et de partager fraternellement, avec l'humanité entière, la condition souterraine de la vie. *En vérité, en vérité, je vous le dis, si le grain tombé en terre ne meurt pas, il demeure seul, mais s'il meurt, il porte beaucoup de fruit* (Jn 12, 24). Le Dieu de notre fabrication est mort, mais LE CHRIST NOTRE PÂQUE EST VRAIMENT RESSUSCITÉ, Celui en qui un dessein inouï se fait jour, Celui en qui affleure, à ras de terre et d'horizon et d'aurore, un Dieu non pas écrasant, mais germinal, non pas jaloux, mais dépouillé. *Je sais, moi,* dit Job (19, 25-26), *que mon Rédempteur est vivant, que lui, le dernier, se lèvera sur la poussière. Après mon réveil, il me dressera près de lui, et de ma chair je verrai Dieu.* Le Disparu nous apparaît, la Présence nous demeure, laissant pour nous devant elle, et non pas seulement derrière elle, un sillage de lumière à la mesure sans mesure de son intensité. Les mots de l'un de nos plus grands poètes semblent prendre ici un sens auquel il n'avait peut-être pas songé : « Ton souvenir en moi luit comme un ostensoir. » Autrement dit, la mémoire de ta Pâque est notre avenir et notre soleil levant. *Leurs yeux s'ouvrirent et ils le reconnurent, mais il avait disparu à leurs regards. Alors, ils se dirent l'un à l'autre : « Notre cœur n'était-il pas tout brûlant au-dedans de nous, quand il nous parlait en chemin, quand il nous expliquait les Écritures ? »* (Lc 24, 31-32). La Résurrection, c'est la phosphorescence de l'ami. Le Ressuscité, c'est le chef-d'œuvre de l'Esprit qui, tel un souffleur de verre, « souffle » l'obscure humanité de l'homme Jésus pour en faire un corps vivant, un corps total d'humanité où chacun de nous, dès maintenant, a lieu d'être. *Je vais vous préparer une place...* (Jn 14, 22). *Je veux que là où je suis, ils soient eux aussi avec moi* (Jn 17, 24).

Loin de tous les dénouements faciles, de toutes les prestidigitations religieuses et de tous les triomphes de pacotille, puisse cette espérance pascale, pleine de mystère et de gravité, nous soutenir en ce temps pascal de confinement. Le Ressuscité transparaît dans les plus humbles choses de la vie dont l'épreuve commence de nous révéler l'inestimable prix. Dans le petit tas de choses...

Comme j'écris ces lignes, le chant de la huppe retentit dans le jardin. Le chant des oiseaux n'accompagne pas seulement la construction des nids : il est lui-même un minuscule effort de construction du monde. Il y a aussi le bruit d'une tondeuse à gazon, du bois que l'on charpente, d'une voiture qui passe. La vie continue... Prêtons attention au grand œuvre qui nous entoure et apportons-y déjà la brindille, même mineure, de notre chant le plus intime.

Joyeuses Pâques à chacun de vous ! N'hésitez pas à communiquer ce message aussi loin que vous le voulez, comme ce rameau d'olivier frais que la colombe apporte aux habitants inquiets de l'arche.

La Présence à huis clos

> « Le soir, ce même jour, le premier de la semaine, et les portes étant closes, là où se trouvaient les disciples, Jésus vint au milieu d'eux et il leur dit : "Paix à vous !" »
>
> Jn 20, 19

Confinement. Concentration. Circonférence. Intériorité. Recueillement. Comme le centre permet de construire le cercle, le cercle conduit au centre, surtout s'il s'entoure de silence, surtout lorsqu'il sait faire silence. Il est temps de laisser parler en nous l'image amoureuse du poète (Éluard) : « La courbe de tes yeux fait le tour de mon cœur. »

Le confinement est une contrainte qui s'impose à nous : tâchons d'en faire quelque chose. Tâchons de confectionner quelque chose avec la contrainte. Pas seulement un masque... Pas un masque, mais un révélateur. C'est en confectionnant quelque chose avec la contrainte même que l'homme exerce sa liberté. C'est à travers ce retournement de la contrainte en liberté qu'il révèle son génie et sa magnificence. Son inaliénable humanité.

Au milieu du confinement, de la concentration, de la circonférence (si nous savons nous recueillir et demeurer en silence), il y a un vide à discerner, à accepter, à accueillir. Dans cet espace vide (qui d'ordinaire nous fait peur et que nous évitons sans cesse), il y a quelque chose qui advient. Il y a une Présence qui advient. Cette Présence (appelons-la de ce simple nom, pas davantage pour l'instant, pour longtemps), cette Présence ne brise pas les portes et n'entre pas par effraction. *Il ne crie pas, il n'élève pas le ton, il ne fait pas entendre sa voix au-dehors* (Isaïe, 42, 2). Elle advient tout simplement, elle émane du tout-bas, elle monte en nous, obscurément. Elle émane et se fait doucement invasive, comme une lumière, comme un parfum, comme une source qui monte de la terre. Ne mettons pas la main sur elle ; ne mettons pas trop vite de nom sur elle, car elle transcende tout nom. Le confinement, la concentration provoque en nous l'avènement de l'immense et l'innommé. Au milieu. La Présence est notre hôte, le plus discret des hôtes. Le plus discret des habitants. Le plus immense des habitants. Le plus doucement envahissant des habitants. Non pas autoritaire, mais immanent, non pas asséné d'en haut, mais en train de sourdre du très-bas.

Ton nom est une huile qui s'épanche (Cantique des cantiques, I, 3). *La maison s'emplit de la senteur du parfum* (Jn 12, 3). L'émergence, l'avènement de cette Présence inouïe en nous est à vrai dire le seul événement capital de nos très humaines journées. Un événement que nous fuyons si souvent, et dont nous ne sommes guère familiers, parce que nous en recherchons d'autres, plus sensationnels… Notre vie « spirituelle », que nous qualifions hâtivement de spirituelle, peut être parfois encore si matérialiste ! Cultivons, approfondissons l'« événemenu » de notre vie.

Mais au fait, quel visage, quels visages prend cette Présence qui s'invite au milieu de notre vide ? Celui de tel ou tel, de tel et tel, et de tel autre encore. Celui de tel ou tel qui nous tient à cœur, et qui est comme le centre de gravité de notre cœur, et qui est, tout bas, le trésor de notre cœur. Le visage de celui-là, de celle-là, de tous ceux-là dont nous avons le souci, et vers lesquels notre cœur gravite. Dans la Présence, d'innombrables présences confluent et cristallisent. La Présence récapitule en elle tous ceux qui « demeurent » en nous, comme nous « demeurons » en eux. Nous sommes habités, et du fond de cet espace, soigneusement laissé ouvert au fond de nous, au milieu de nous, c'est le monde entier qui monte. C'est ainsi que le confinement, la concentration transfigurée par notre liberté créatrice, nous dispose à l'irrésistible et douce irruption, en nous, de l'Universel.

En ces jours que nous traversons, le monde n'est plus le simple sous-entendu utilitaire de notre existence confortable : nous nous éveillons chaque matin au monde comme à cet entier naturel dont nous portons l'épreuve et le souci. En poètes du confinement (comme de tout le reste), essayons de faire de la prison un cénacle : en ces temps de corps à Corps, de prise de conscience aiguë de la solidarité du corps humain, chaque monade peut se découvrir tabernacle de la Totalité. Il y a là un exercice spirituel pour tout homme de bonne volonté, un lieu de communion pour tous les hommes de bonne volonté par-delà les frontières tellement relatives du croire et du non-croire.

Voilà, en ces jours, le très simple et très grand exercice spirituel qui nous est proposé. Il ne nécessite pas beaucoup de mots (*Ne rabâchez pas comme les païens*, Mt 6, 7). Le confinement, matière qui s'offre à notre travail silencieux de « confection », peut nous ouvrir à une conversation nouvelle avec la Présence, cette Présence qui *advient en chair* (Jn 1, 14), en toute chair de ce monde dont nous sommes.

Le confinement peut être la chance d'une conversation plus profonde et plus vitale entre nous ; celle qui nous fait lever le voile (c'est si rare, au fond) sur l'essentiel qui nous travaille, qui nous inquiète, qui nous habite, qui nous unit.

Nos ritualités chrétiennes habituelles sont en ce moment suspendues et cela peut nous coûter, la chose est bien compréhensible. Mais ne nous hâtons pas de combler ce vide, de saturer l'espace par un excès de spectaculaire et de virtuel. Plutôt que d'ajouter, tâchons d'approfondir. La vraie vie spirituelle n'a pas horreur du vide, au contraire. Il faut bien qu'il y ait de l'espace, du vide, pour qu'« Il se tienne au milieu de nous ». Autrement. Tout autre. Un moment favorable nous est offert pour que nous explorions d'autres voies. Des voies plus exigeantes et plus fécondes que nous avions peut-être oubliées et que les conditions de vie de demain nous rendront certainement indispensables. « Toutes portes étant closes » malgré nous, mais aussi de notre plein gré, laissons venir à nous, laissons monter en nous : nulle circonstance, nul obstacle ne saurait entraver l'avènement de la Présence, constellée de tous les visages du monde.

Le Compagnon blanc

C'est étrange. Pourquoi éprouvé-je désormais le besoin d'une certaine régularité dans cette mise à disposition publique de mes réflexions les plus intimes ? Hésiterai-je à confesser le bienfait, le réconfort que je ressens de ce réseau, bien moins artificiel qu'il ne paraît, d'amitiés proches ou lointaines ? Depuis longtemps artisan d'« étincelles », je désire plus que jamais pour celles-ci une destination « sociale », je sens plus que jamais – paradoxe du confinement – leur vocation sociale. J'ai le sentiment que ma vie sociale n'a jamais été aussi intense qu'en ces jours, et ma raison d'être sociale ne m'est jamais si clairement apparue. Sans doute sommes-nous nombreux à partager cette découverte : l'extrémité où nous sommes ne trouve d'issue que dans l'épanouissement et l'affinement de cette capacité de relation qui est notre trésor le plus foncier. S'il est quelque consolation à chercher pour nous-mêmes et, plus encore, à prodiguer autour de nous, c'est bien là, et là seulement qu'elle se trouve. Le drame que nous traversons est – devrait être – un accélérateur d'humanité. Être plus humains, *être plus* (selon l'expression du père Teilhard de Chardin) apparaît désormais comme notre indispensable ressource.

Chaque jour qui passe apporte son bilan de morts, son information de mort, sa routine de mort. Au plus haut de la vague, nous étions bien près de perdre cœur. Cette tentation peut nous guetter encore parfois. Et malgré tout, comme l'irrésistible printemps qui déploie autour de nous ses formes neuves, à cause de lui, peut-être, la vie, impossible à décourager tout à fait, se remet à fuser en nous. L'envie de vivre. Œuvrer à la vie nous apparaît d'ores et déjà comme un métier enthousiasmant qui transfigurera toutes nos tâches ordinaires, qui les modifiera certainement, qui les remplacera peut-être. Sevrés de poignées de main et d'embrassades que nous sommes, nous avons envie de nous envoyer, de balcon à balcon, de fenêtre à fenêtre, de colline à colline, d'une rive du fleuve à l'autre, des paroles de vie. Nous avons envie d'une vie neuve, différente de celle d'avant, dont l'épreuve nous a insensiblement dégoûtés. Usons d'une image empruntée à la circulation routière : il serait lamentable que, l'embouteillage une fois dépassé, les véhicules reprennent une course aussi folle qu'auparavant. Du reste, la difficulté inhérente au déconfinement et la prudence qui sera longtemps de mise interdiront, au moins pour les sages, tout retour boulimique et brutal à la vie : notre vie doit recevoir désormais un sceau de gravité qui ne la rendra que plus précieuse. Il ne s'agit plus de dévorer le monde à belles dents, mais de nous laisser émouvoir par le phénomène de la vie, par la gratuité de ce que j'ai appelé, dans ma lettre précédente, l'« événemenu ». Méfions-nous donc de tout ce qui, même sous prétexte de religion, voudrait escamoter, annuler le tragique de notre condition humaine, voudrait donner à croire que ce tragique n'existe pas, n'existe plus. Au cœur de ce tragique qui demeure – et qui demeurera toujours (et qui n'est pas triste !) –, quelque chose d'indestructible nous appartient en propre et s'avère être le sceau de notre humanité la plus authentique : notre perception de la beauté. Celle qui vient toute seule au monde et celle que nous mettons nous-mêmes au monde, en reconnaissance, en réponse à celle qui est déjà là.

La manière dont les autorités publiques gèrent la crise sanitaire nous inquiète, nous agace et nous impatiente. L'on sent beaucoup d'hésitation, d'incohérence, de naïveté, de cachotteries. Dans certains accès de mauvaise humeur, l'on aurait presque envie de renvoyer à l'école ceux qui, au mépris de l'ordre élémentaire des choses, entendent rouvrir les écoles avant de distribuer des masques. Et puis, à d'autres moments, la patience, l'indulgence, la bonne volonté civique reprennent en nous le dessus : face à l'inédit (un inédit pourtant prévisible et effectivement prédit...), le tâtonnement semble universel. Mais l'Histoire n'est-elle pas faite, pour une bonne part, de nos impréparations, de nos tergiversations, de notre incapacité à nous mettre à jour ? Les étourdis ne sont-ils pas incomparablement plus nombreux que les visionnaires ? Ce qui est certain, en tout cas, c'est que les diverses prises en main de la situation présente révèlent, parfois jusqu'à la caricature, les traits saillants, le tempérament invétéré, la « personnalité » de chaque nation. La France, qui daube traditionnellement sur la fantaisie et le désordre italiens, n'est guère mieux lotie que sa voisine au regard des décès... En cette circonstance apparaît, une fois de plus dans l'histoire européenne, l'étroite ressemblance des deux sœurs latines. Je risquerai une autre observation que me suggère un regard panoramique de l'histoire récente. Une observation géographique, ou plus exactement géopolitique. Il est remarquable, en effet, que le nuage de Tchernobyl (1986, un peu titillé ces derniers jours...) et la pandémie de Covid-19 émanent l'un et l'autre, à près de trente-cinq ans de distance, de deux régions du monde soumises à des régimes autoritaires, pour ne pas dire totalitaires. L'un et l'autre ne seraient-ils pas des sous-produits toxiques d'une des idéologies les plus mensongères et les plus meurtrières que le siècle dernier ait promues, et dont on n'a pas fini de découvrir les mensonges ? Il y a là, me semble-t-il, amplement de quoi méditer.

Passons à l'Église. Nos liturgies sans fidèles, depuis des semaines, nous font sentir de manière cuisante, si je puis dire (même chez les moines !), à quel point la présence physique du Peuple de Dieu est indispensable à la liturgie. Un Peuple de Dieu en chair et en os. Du reste, celui-ci n'est pas seulement un partenaire de la liturgie : il en est, comme l'indique le mot « liturgie », le sujet actif par excellence. Un Peuple de Dieu dont les ministres ordonnés ne sont pas simplement le vis-à-vis, mais dont ils font eux-mêmes partie. La liturgie virtuelle n'est pas tenable, du moins n'est-elle pas tenable longtemps, tout simplement parce que la liturgie est un acte de chair dont la chair de Dieu est le grand centre d'intérêt. Demandez à ceux qui s'aiment si leurs corps sont accessoires ou facultatifs : les corps, le corps n'est pas davantage accessoire ni facultatif dans la vie liturgique, dans la vie chrétienne, « sacrément » concrète. Une fois venu le déconfinement, comme il fera bon, sinon encore nous embrasser, sans doute, du moins revoir mutuellement nos visages ! Et il faudrait que ces retrouvailles des ministres ordonnés avec le Peuple de Dieu ne soient point la simple réédition des jours d'avant. Comme les ministres ordonnés sont appelés à solliciter avec plus d'intelligence et de délicatesse encore la pleine responsabilité baptismale des laïcs, ceux-ci sont appelés à réviser et à approfondir le besoin véritable qu'ils ont des ministres ordonnés. Des ministres ordonnés qui, moins nombreux que jadis, ne soient pas simplement des distributeurs de sacrements, mais des éveilleurs de sens, et de sens hors du commun.

La circulation ordinaire – irréfléchie – reprendra-t-elle après l'embouteillage passager, dans nos institutions, dans notre train de vie général, dans le train de vie ecclésial lui-même ? Au fond, peu ont pris la mesure réelle de la catastrophe que nous traversons, peu l'ont vue venir, peu veulent descendre jusqu'aux assises métaphysiques dont elle interroge la pertinence et la solidité. D'extraordinaires conversations se nouent néanmoins ces temps-ci, timidement d'abord, puis avec assurance, avec ferveur, entre ceux qui se découvrent les uns les autres au même point de dépouillement intérieur, au même degré d'intelligence, au même degré de perception du « vertigineux » qui nous arrive. Avouerai-je que je fais de plus en plus le rêve d'une espèce de fraternité inédite, d'amicale insolite entre tous ces hommes et toutes ces femmes aux aguets, de par le monde, sans désespérance, mais aussi sans anesthésie facile et doucereuse, sans paradis artificiels ? Au-delà de toutes les frontières sociales, culturelles, confessionnelles, la compagnie de ces êtres décillés et lucides est peut-être le grand Ordre qui appelle une fondation (sans lourdeurs) et qui importe à la construction de notre avenir. En ces jours que nous traversons, il est passionnant

ne voyons pas l'origine ni le terme de la route, mais quelqu'un vient se joindre à nous sur la route, en cours de route, et c'est assez. Le Compagnon blanc. Non pas un fantôme, mais un ami. Un ami qui vient se tenir là, au milieu, au beau milieu (le milieu est beau, parce que c'est la place du Ressuscité). *Quand deux ou trois sont réunis en mon nom, je suis là, au milieu d'eux* (Mt 18, 20). Pas de conversation véritable entre nous, entre *toi* et *moi*, que l'Ami ne s'en mêle, de sorte qu'en réalité l'on est toujours trois. C'est la plus simple et la plus humble des trinités. Loin d'être jalouse ou exclusive, cette présence de l'Ami est concomitante (au sens propre : elle « accompagne »). Elle est en définitive concomitante à la présence de tout ami humain qui, un jour, au bon moment, au bon endroit, vient se joindre à notre route. *Ils le pressèrent en disant : « Reste avec nous, car le soir tombe et déjà le jour baisse. » Il entra donc pour rester avec eux* (Lc 24, 29). Tout s'achève à l'auberge, ou plutôt tout commence. Lieu trivial et génial, lieu sublime que l'auberge, que le « café ». Comme il est urgent que les cafés ouvrent à nouveau, en face des églises, à côté des églises, frères des églises ! *Terribilis est locus iste : hic domus Dei est [...]* (Gn 28, introït de la Dédicace). Tant de conversations essentielles et décisives s'engagent dans les cafés... Le Ressuscité est aussi un pèlerin. Le Vivant est aussi un voyageur. *Homo Viator.* C'est comme cela, et comme cela seulement qu'Il nous reste. *Et voici que je suis avec vous pour toujours, jusqu'à la fin du monde* (Mt 28, 20).

*

Avec un grain de malice, j'observe qu'il y a davantage de « like » lorsque j'ajoute des images… surtout des images de fleurs. Celle du Compagnon blanc et d'autres merveilles de l'« événemenu » viendront plus tard ! Chers amis, l'estime que j'ai pour vous m'empêche de penser que vous êtes des enfants qui ne se satisfont que d'images… Les illustrations ne prennent de sens que par ce qu'elles illustrent, et qui s'adresse à ce qu'il y a de plus intime, à ce qu'il y a de plus élevé en vous.

La stabulation libre

Chers amis, encouragé par votre invisible présence, par les manifestations si nombreuses de votre assentiment, par la belle densité de vos réponses (j'aimerais pouvoir répondre à chacun de vous), je reviens au rendez-vous et me sens désormais votre obligé. Saurai-je vous dire assez combien vous m'êtes précieux et combien vous me donnez à espérer en ces temps où notre espérance est parfois mise si rudement à l'épreuve et où l'on peut rencontrer, à l'occasion, une étonnante hostilité ? Il me semble que nous formons désormais une réelle communauté qui prend de la consistance, de la cohésion, de la profondeur. Serait-ce là, au-delà de toutes sortes de frontières territoriales et confessionnelles, une « paroisse » d'un genre nouveau et dont l'avenir révélera toute la pertinence ? Une « paroisse » particulière, exigeante, indéfiniment extensible, bien moins provisoire qu'il ne paraît, fondée, non sur la simple assistance ni sur le spectacle, mais sur la réflexion partagée. Je perçois de plus en plus l'appel qui vient de vous, comme j'obéis, de mon côté, à une nécessité intérieure qui vient modifier, en cet état d'urgence, en ces circonstances exceptionnelles de notre commune destinée, le cours et la matière ordinaire de mes travaux. Vous et moi, nous pouvons expérimenter à nouveaux frais l'importance que pouvait revêtir la correspondance – les lettres apostoliques et patristiques – dans la vie et le soutien des premières communautés chrétiennes.

C'est en la fête de sainte Catherine de Sienne que j'ai commencé ce billet, non sans me souvenir combien cette grande mystique avait su se tenir au plus près de l'actualité politique et religieuse de son temps. Notre époque se met d'ailleurs à ressembler étrangement à la sienne, marquée par les épisodes à répétition de la Grande Peste. Comment travailler, comment prier, comment vivre, en ces jours qui sont les nôtres, sans entendre la basse continue de l'information, sans porter, comme un souci, comme une responsabilité, l'air du temps et la difficile aventure de notre humanité aux prises avec un insaisissable ennemi ? Notre vie spirituelle, en ce moment, c'est d'abord l'intensité de cette préoccupation, la présence réelle du monde à notre cœur et à notre pensée. Nous voici entrés de nouveau dans un âge de la peur, comme l'histoire de notre Occident en a traversé d'autres. Je pense à l'ouvrage de E.R. Dodds, *Païens et chrétiens dans un âge d'angoisse* (1965), qui examinait le climat de l'Empire romain entre Marc Aurèle et Constantin. Je pense naturellement aux études magistrales du regretté Jean Delumeau qui avait fait de la peur collective l'un des principaux centres d'intérêt de ses recherches historiques (*La Peur en Occident*, 1978). Naguère encore nous éprouvions la peur de la menace nucléaire, plus récemment celle du terrorisme international ; la peur du Covid-19 ne fait qu'en masquer momentanément une autre, avec laquelle d'ailleurs elle se combine : celle du bouleversement climatique. Bref, parce que nous sommes mortels, et que la peur est toujours, *in fine*, peur de la mort, quelque peur nous accompagne toujours. Réaction naturelle et universelle, la peur inhibe pour commencer, mais elle déclenche aussi l'action : après avoir paralysé, elle se découvre motrice. Encore faut-il qu'elle mobilise de façon rationnelle et maîtrisée, car nous savons combien elle peut susciter d'irrationalité et de pulsions plus mortifères que son motif originel. Elle peut alimenter la stupidité, la violence, éveiller et réveiller des fondamentalismes de toutes sortes et de tout bord. Autant de dangers qui nous guettent sérieusement aujourd'hui. Comme tous les mouvements spontanés de notre sensibilité – ce que l'on appelait jadis les « passions » –, la peur, qui doit avoir son temps légitime, demande à être dépassée pour entrer dans une synthèse supérieure, pour servir aux petits comme aux grands édifices d'une action vraiment humaine : à ce que l'on nomme volontiers aujourd'hui la « résilience ». L'homme n'avance dans l'Histoire que comme un rescapé de quelque grande peur qui le précède ou l'accompagne : cela humilie nos rêves d'invulnérabilité, mais représente aussi l'hypothèse de départ de nos progrès.

Touchant à nos pouvoirs publics, j'évoquais récemment nos atermoiements entre impatience, défiance et postures plus sereines, toutes choses que je traverse avec vous, autant que vous. Je crois opportun d'y revenir. Car moi-même j'accepte de me laisser modifier, bousculer, déplacer, au fil de ces semaines éminemment éducatrices, avec la perspective de vous inviter aux mêmes déplacements. La situation dans laquelle nous sommes engagés est d'une complexité sans nom. Volontiers, nous attendons de l'État des solutions immédiates et miraculeuses qui nous garantissent la possibilité – le « droit » – de reprendre nos aises, de satisfaire au plus tôt toutes nos envies, d'appuyer de nouveau sans réserve sur le champignon, dirais-je en usant d'une image empruntée au langage des automobilistes. Or, l'État, pour mener à bien sa tâche d'une difficulté hors du commun, a besoin de chacun de nous. Nous concevons volontiers l'État comme une instance extérieure, contrariante, voire hostile, alors qu'en bonne logique démocratique, l'État devrait nous être intime, comme nous devrions nous sentir responsables de lui, si modestes que soient notre place et notre efficience dans le corps social. Il y a là, une fois dépassée la tentation contestataire, un exercice de solidarité qui concerne autant notre vie spirituelle que notre vie civique ; du reste, la première ne peut se développer à l'écart ni à l'encontre de la seconde. Tâchons donc, par notre discipline et notre maturité, de jouer le jeu de l'empirique qui s'impose actuellement comme une nécessité aux autorités qui nous gouvernent et auxquelles il faut faire crédit, par principe, d'une volonté sincère de nous délivrer du mal. La peur se cherche d'instinct des boucs émissaires et peut s'en trouver un, à bon compte, jusque dans l'État : c'est pourtant l'union, et l'union seule, qui nous empêchera de mourir. Quittons l'opposition systématique pour constater que le chemin de la santé – du « salut » – se découvre en ce moment au jour le jour, qu'il demande à être sans cesse ajusté, et que notre collaboration est indispensable à l'apparition comme au ferme établissement de son tracé. En observant entre nous la « distance » sanitaire, en prolongeant le temps de la « distance », sachons inventorier ce que cette attitude physique obligée révèle métaphysiquement de notre vie relationnelle et ce qu'elle est susceptible de lui apporter : essentiellement le « respect » et l'attente de l'autre. Un Levinas n'a-t-il pas attiré notre attention sur la transcendance du visage ? Mais comment puis-je accueillir, approcher, désirer le visage de l'autre si je ne demeure pas d'abord à distance de lui ? Le Ressuscité lui-même n'ajourne-t-il pas un contact trop possessif ? *Ne me touche pas [...]* (Jn 20, 17). Le conjoncturel même, l'accidentel même, intelligemment assumé, peut servir à notre éducation sentimentale et à l'élévation de notre degré humain. Notre capacité à convertir la contrainte en outil, l'épreuve en exercice, le destin en festin, compte parmi nos industries les plus raffinées : elle atteste, non pas seulement notre supériorité, mais notre génie.

Compte tenu de l'inévitable érosion des gestes préventifs et de l'universelle étourderie (dont sont loin d'être exempts ceux qui fréquentent les églises...), le déconfinement, évidemment nécessaire à plus ou moins longue échéance, suscite de légitimes inquiétudes, et l'on s'étonne de la naïveté de ceux qui veulent le marquer comme une fête, s'imaginant qu'il s'agit de la fin de l'épidémie elle-même. Car il faut bien nous le redire : nous sommes entrés pour longtemps dans un âge d'austérité et de minoration de nos libertés chéries, absolues, mais avec la chance de pouvoir explorer une tessiture plus grave et plus émouvante de notre vie. La prolongation qui vient d'être signifiée par les autorités civiles quant à la fermeture des églises au culte public soulève actuellement dans le monde catholique un mouvement très sensible de désapprobation. Je ne vous cache pas – et j'ai vraiment besoin de le dire ! – qu'il m'afflige profondément et que je ne me sens pas du tout en consonance avec lui, au point que ces jours-ci j'en ai perdu le sommeil. J'ai vu, j'ai lu çà et là beaucoup d'agitations. J'ai même surpris d'effarantes vulgarités. On aimerait que quelques voix, que davantage de voix haut placées s'élèvent pour suggérer une attitude plus coopérante, pour promouvoir une parole plus constructive. Quelle tristesse ! Quelle déception ! Quel ennui ! Faut-il que la voix catholique soit si souvent, si spontanément, au cœur d'un bien-vivre-ensemble qui se cherche péniblement, celle de la riposte, de la contrariété et de la revendication ? Pourquoi cet esclandre d'enfants gâtés et ces aboiements de tribuns ? On attendait un lever de visionnaires et de prophètes, et c'est une cacophonie de gamins capricieux. Tout cela est petit, dérisoirement petit, lamentablement petit. Nouvelle manifestation de ce catholicisme du « non » instinctif que j'avais identifié dans l'une de mes chroniques pour la revue *Études* (numéro de juin 2014). Vieille histoire franco-française dont les rebondissements ne se comptent plus, faux héroïsme du refus, posture pour laquelle d'aucuns confisquent volontiers le patronage de Péguy et de Bernanos, mais sans avoir leur altitude, ni leur audace, ni leur esprit. Ni leur style… Est-ce là vraiment un spectacle dont la société qui nous environne peut s'édifier, alors que le monde attend une parole largement, chaleureusement, véhémentement humaine, comme celle, solitaire, du pape

François ? Pourquoi toujours ce catholicisme de l'entre-soi, du pour-soi, qui hésite à embrasser le monde, à s'avouer pauvre, balbutiant, désemparé, comme tout le monde, devant le mystère énorme de la vie, à faire entendre une voix qui passe réellement le mur du son, qui se distingue par une véritable pertinence historique et sociale ? Prétention déplorable à se croire le centre du monde au lieu que de tâcher obscurément d'en être l'âme, selon la magnifique expression de la *Lettre à Diognète* (IIe siècle) ? Il est injuste de soupçonner le gouvernement de quelque malveillance laïciste ou de quelque partialité, alors qu'il fait ce qu'il peut, très respectueusement, avec un paysage religieux français dont le catholicisme n'est pas, n'est plus (ne l'oublions pas !) l'unique composante. Il est grotesque de prendre, dans la circonstance, des airs de persécutés. Il est présomptueux de dénoncer chez nos gouvernants une lacune anthropologique et un vide, quand le vide que nous laissons, que nous faisons autour de nous, avec toutes nos inanités, devrait nous faire honte.

La suspension actuelle du culte public, grâce d'un genre paradoxal et inédit à saisir comme telle, nous invite à creuser les fondements de notre vie sacramentelle et à réaliser que nos cérémonies ne seraient rien, n'étaient la densité, la vérité des « provisions » humaines que nous y apportons comme un lest. Vivons, et puis, quand les pouvoirs publics *qui viennent de Dieu* (Rm 13, 1) le permettront, nous célébrerons, fidèles et laïcs réunis, nous concélébrerons dans la joie des retrouvailles. En attendant, tâchons de faire de notre vie ordinaire et contrainte une célébration *en offrant nos personnes en hosties vivantes, saintes et agréables à Dieu*, puisque tel est *le culte spirituel que nous avons à rendre* (Rm 12, 1). S'il est vrai que, selon le plus haut magistère de l'Église, l'Eucharistie est « source et sommet de toute la vie chrétienne » (Vatican II, constitution *Lumen gentium*, § 11), faisons contre mauvaise fortune bon cœur, tirons parti de ce temps un peu prolongé pour découler par nos actes et nos paroles de cette « source » et pour monter calmement vers ce « sommet ». L'exercice, comme le désir, feront du bien à notre régime. Au demeurant, Jésus-Christ n'est enfermé, obligatoirement enfermé, ni dans les hosties de pain azyme, ni dans les tabernacles, ni dans les ministres, ni dans l'Église catholique. La messe qui se célèbre dans nos églises ne se soutient pas sans l'immense messe qui se célèbre au-dehors, dans le monde, sur le monde, comme l'avaient compris un Teilhard de Chardin et une Madeleine Delbrêl. Je pense à certaines « fractions du pain », tout à fait inofficielles, exorbitantes, que j'ai vécues ici ou là, à la dure, et qui, avec le recul, m'apparaissent, fulgurantes, comme de véritables eucharisties. Je pense à tant d'amis non pratiquants, agnostiques, athées, qui sont tellement beaux dans leur humanité toute simple et laborieuse, tellement avancés dans l'intuition de ce qui fait l'essentiel de nos vies… Bref, la crise que nous traversons révèle un clivage dangereux et place l'Église à la croisée de deux chemins possibles, dont l'un est une tentation : ou bien la perpétuation introvertie d'un certain fonctionnement religieux, ou bien la dilatation joyeuse et aventureuse de la vieille tente (Isaïe, 54, 2) à d'autres dimensions du monde réel et de la pensée.

Au-delà de toutes ces agitations superficielles, gagnons les assises profondes et silencieuses où s'entend et s'élabore la *parole bonne et constructive* (Ep 4, 29). L'évangile du quatrième dimanche du temps pascal, évangile dit du « Bon Pasteur », est à cet égard d'une saisissante actualité. Nous pouvons vérifier une fois de plus la teneur prophétique des Écritures, admirer les ressources offertes par une parole que nous reconnaissons comme celle d'un vivant. Je ne cite que quelques versets de ce chapitre dixième de l'Évangile de Jean qui retentira, par péricopes successives, au fil de la semaine à venir : *En vérité, en vérité, je vous le dis : je suis la porte des brebis. Si quelqu'un entre par moi, il sera sauvé ; il entrera et il sortira, et trouvera un pâturage. […] Moi, je suis venu pour qu'on ait la vie et qu'on l'ait en abondance. Je suis le bon pasteur […]. J'ai encore d'autres brebis qui ne sont pas de cet enclos ; celles-là aussi il faut que je les mène : elles écouteront ma voix […].* Dans les Évangiles synoptiques, Jésus *bâtit* son *Église* (Mt 16, 18) ;

dans le quatrième Évangile, il déploie un pâturage. Les deux images s'équilibrent, se complètent et doivent être entendues ensemble, dans un même accord, une même harmonie évangélique. Là un édifice, ici un espace. L'édifice ne se conçoit, n'est tenable que comme spacieux. Ce dimanche, en tout cas, nous fait retenir et approfondir – en plein temps de confinement ! – l'image du pâturage à ciel ouvert, de l'espace appétissant dans lequel les « brebis » intelligentes entrent et sortent, circulent en parfaite liberté : autrement dit ce que, en termes d'éleveurs, on appelle la « stabulation libre ». Image magnifique de ce qu'est, par vocation, l'Église. Le Christ nous met à l'aise, au large, dans un espace qui n'a d'autres dimensions que les siennes, illimitées. La « pastorale » qu'il instaure et qu'il nous confie ne fait ni des toutous, ni des consommateurs, ni des assistés, mais des brebis attentionnées qui ont l'oreille fine. Elles entendent la voix du pasteur qui connaît leur mot de passe le plus intime, comme elles entendent la voix des autres brebis, parfois très lointaines. L'espace qui leur est ouvert n'est pas un espace rationné : c'est un espace infini de vie, d'interprétation, de liberté. Car le Peuple de Dieu n'est pas un peuple de répétiteurs, mais un peuple d'interprètes, au sens quasi musical du terme. Ce qui peut nous mobiliser, nous enthousiasmer, nous réconcilier désormais n'est ni un ghetto, ni un fief, ni une propriété privée : c'est la proposition chrétienne au milieu du monde, le christianisme comme latitude, comme espace, comme instance d'interprétation touchant non seulement aux Écritures (Lc 24, 27 et 24, 45), mais à la vie, à nos vies personnelles, à toutes nos vies qui se rencontrent pour construire, à la douloureuse et magnifique histoire du monde. Cette proposition chrétienne, inaugurée dans le Ressuscité, est laissée à notre responsabilité pour que nous révélions ce qu'elle a d'ouvert, pour que nous ne cessions de faire d'elle une ouverture. Vert et vrai paradis de l'ouverture sur le seuil duquel je demeure avec vous, chers amis, plein d'espérance et d'émerveillement.

En guise d'illustrations, un détail de la mosaïque absidiale de la basilique des saints Côme et Damien, à Rome, et un détail de la Résurrection de Fra Angelico. Aujourd'hui, accouru de l'océan, un grand vent passe sur les frondaisons et les herbages de la campagne poitevine, âge d'or du vert : je me livre tout entier à son souffle, comme pouvait le faire jadis notre François-René, et je vous le livre à mon tour. Gai savoir. Il est tellement exaltant de se sentir, en dépit du double conditionnement de la vie monastique et du confinement, ou plutôt grâce à lui, à l'heure exacte de son siècle !

Cinquième « provinciale »

Chers amis, le confinement touche à sa fin. Dans l'incertitude. Dans l'inquiétude. Dans la confusion. Il ne faudrait point que, cédant à un mauvais pli, l'on sacrifie l'humain à la reprise économique ni que la circulation, retrouvant sa fièvre accoutumée, écrase les plus fragiles. Mais d'ailleurs qui sait si le confinement ne reviendra pas ? On se prendrait presque à désirer qu'il se prolonge ou se renouvelle, non pas tant pour la retraite méditative qu'il nous procure que pour l'œuvre de discernement qu'il opère entre les esprits, entre les temps, entre le caduc et le pérenne, entre ce qui est noble et ce qui est vil. En ces jours d'une indéniable gravité, et porté par les multiples témoignages de votre assentiment – j'oserais dire de votre connivence –, je reviens encore une fois vers vous. Durant ces semaines de couvre-feu, presque insensiblement et sans que je l'eusse prévu dès les premières heures, j'ai découvert qu'une responsabilité « pastorale » d'un genre bien singulier m'était impartie : c'est vous, au fond, qui m'y avez invité ! Vous m'avez fait approfondir, comme jamais peut-être, la dimension sociale – « ecclésiale » – de la parole. Ce temps de pandémie ne sera donc pas perdu. J'entrevois et je constate néanmoins que ma liberté de parole me vaudra des inimitiés, mais j'assume cette éventualité dans la paix : mieux vaut être dans le « christique » (expérience de l'hostilité à une parole audacieuse et franche) que dans le confort de la dissimulation et de la servilité. Une vague s'est formée au large, elle est accourue lentement d'où certains de l'attendaient pas, elle s'est accrue d'innombrables molécules, elle a bourgeonné de fleurs de sel et attend de voir, joyeuse, étonnée, jusqu'où va s'étendre son déferlement : tel est un peu mon patient et passionnant travail, mon « poème » de ces jours. Et c'est sous le signe bien-aimé du Poverello d'Assise que, frère « mineur », je « prêche » à des oiseaux libres, pour qu'ils volent de leurs propres ailes et contribuent à de nouvelles fécondations en transportant au loin les semences que j'aurai répandues.

Le confinement a marché de pair, au moins pour certains (pas pour tous, hélas, en raison de terribles inégalités sociales auxquelles il va falloir nous atteler), avec un certain affinement. Un affinement qui doit se mettre désormais au service et à la disponibilité des autres, de tous ceux qui ont eu beaucoup moins de chance que nous (tout privilège, même relatif, crée un devoir). Un affinement de nos relations, un affinement de notre pensée, un affinement de notre travail ordinaire, un affinement de notre attention au détail. Détail de notre entourage humain, détail de notre paysage environnant, si restreint soit-il, détail de nos tâches obligées. Mais le détail n'est-il pas l'humble horizon, le modeste domicile de nos vies quotidiennes ? Nous ne pouvons tout voir, ni tout savoir, ni tout pouvoir, ni tout maîtriser. Ces temps de restriction rabaissent opportunément notre prétention à la totalité et nous obligent à envisager l'indéterminé, au jour le jour, comme notre seul avenir. Durant ces quelque huit semaines écoulées, notre existence s'est trouvée rationnée comme elle ne l'avait pas été depuis longtemps, et elle va le demeurer durablement encore, sans doute. Aujourd'hui, nous avons envie de quelque chose, de plein de choses. En tout cas, nous n'avons plus envie d'avant. Nous avons envie d'autre chose. Au terme de ce temps, préliminaire à tous égards, nous pouvons récapituler et identifier ce qui nous reste. Or, il faut bien nous persuader que ce qui nous reste n'est pas moins que ce que nous avions auparavant. Si ce qui nous reste est un progrès de sagesse, d'intériorité, d'humanité, alors ce qui nous reste est plus que ce que nous avions auparavant. Les dépouillements consentis n'appauvrissent pas : ils enrichissent. Le véritable reste est toujours plus que la somme qui le précède, tout simplement parce qu'il demeure. Nous ne sortons pas du confinement tout à fait dans le même état que celui dans lequel nous y étions entrés : l'exercice nous a insensiblement modifiés, au plan personnel comme au plan collectif (au moins au plan de nos petites communautés). Nous étions entrés dans cette mise en quarantaine un peu noués et sur la défensive, avec la peur au ventre, et voilà qu'insensiblement, au fil des semaines, à travers la fidélité au devoir d'état, l'interprétation des Écritures et l'intelligence de ce qu'est, en vérité, la « résurrection », quelque chose s'est dénoué, détendu et dilaté en nous, entre nous. Quelque chose de « dé-chaîné », de libre, d'éminemment printanier. Le bénéfice le plus certain de l'épreuve est l'idée qui nous est venue de nous causer de fenêtre à fenêtre, de clocher à clocher, de colline à colline, et la découverte que nous avons faite de notre profonde entente. Le confinement nous a unis : il ne faut pas que le déconfinement nous disperse. La longévité de nos liens, la solidité de la toile patiemment tissée, la définition partagée de nos attentes, voilà désormais les grandes questions qui doivent nous mobiliser activement et nous arracher à toutes sortes de morosités prévisibles. Un « ordre », une « compagnie » du Compagnon blanc s'ébauche : il faut qu'elle se confirme et demeure.

La pandémie est à l'évidence la sanction naturelle et quasi automatique de nos maltraitances invétérées à l'égard des écosystèmes et des aberrations de notre « commerce » planétaire. L'homme, *laissé à son propre conseil* (Sir 15, 14), ne peut consulter là-dessus que ses propres responsabilités. Mais l'on a entendu dire, l'on entend dire encore, çà et là, que la pandémie est un châtiment de Dieu. Ce vocabulaire intenable, sinon tout à fait monstrueux, hérité d'une longue tradition de prédication terrorisante, relève d'une conception archaïque, magique et superstitieuse de Dieu, dont il n'est pas certain qu'elle ait cessé tout à fait d'infecter nos représentations mentales ni les présupposés de nos discours ecclésiastiques (même lorsqu'ils parlent avec volubilité de l'amour…) ; elle induit également les stratégies mercantiles d'une certaine prière de demande scrupuleuse et machinale – demeurant bien sûr hors de cause la belle prière des « simples ». Car l'Évangile, loin des bavardages et des rabâchements (Mt 6, 7), suggère bien de demander, mais il demande d'abord quelque chose, très peu de chose, à la demande elle-même, pour qu'elle soit juste : il lui demande la sobriété et la discrétion qui s'appuie sur la confiance inébranlable dans l'Ami. *Seigneur, celui que tu aimes est malade* (Jn 11, 3). Présenter le monde et nous présenter avec le monde à l'Ami : cela suffit et fait le fond de notre commun « sacerdoce ». *Cette maladie ne mène pas à la mort, elle est pour la gloire de Dieu, afin que le Fils de Dieu soit glorifié par elle* (Jn 11, 4). De la part de « Dieu » (ce nom lui-même, problématique, demande à être revisité, et surtout ré-évangélisé), il n'y a pas de châtiment à attendre. Nos maux personnels et collectifs ne sont que l'aubaine qu'il saisit pour manifester sa gloire, que l'interstice par lequel passe sa gloire, que l'espace dans lequel sa gloire « se passe » sur un mode pascal qui l'engage lui-même, non comme démiurge, mais comme patient. Gloire paradoxale de la croix. Paradoxale, c'est-à-dire, selon les deux sens du mot *doxa*, à rebours de l'opinion commune et à rebours de la gloire mondaine. « Gloire du Seigneur » qui, de tristesse et de consternation, peut déserter nos institutions trop sûres d'elles-mêmes, comme le prophète Ézéchiel la vit quitter le Temple de Jérusalem (Éz 10, 18-22). Non, je ne crois pas en un Dieu condescendant qui assène des coups sur l'homme, mais en un Dieu émergent qui affleure à travers les efforts que l'homme fait pour s'humaniser toujours davantage : un Dieu en ascension au plus haut de l'homme et qui convoque l'intégralité de sa chair au plus haut niveau de vie. Le Dieu que l'on cherche à acheter et à fléchir n'est qu'une idole forgée par la peur panique qui se tapit au fond de chacun de nous. Un magnifique « païen » comme Lucrèce (la catégorisation des « païens » et de ceux qui ne le sont pas est bien discutable...) avait déjà dénoncé cette perversion lorsqu'il évoquait une « humanité écrasée sous le poids d'une religion dont le visage, se montrant du haut des régions célestes, menace les mortels de son aspect horrible » (*De Natura rerum*, I, 63-65).

Je crois que le fond de l'affaire est là, que l'enjeu des débats qui agitent en ce moment le monde catholique – le petit monde catholique trop enclin, parfois, à faire la loi à tout le monde – est là, non pas seulement dans un clivage interne au catholicisme français (vieille lune), mais dans un clivage beaucoup plus fondamental et grandissant entre la « religion » et un tout autre positionnement, plus modeste, plus dépouillé, plus sereinement désemparé, de l'homme dans l'univers et devant son destin ; entre l'acceptation courageuse de l'abîme et l'instinct infantile qui pousse à le conjurer, à l'aménager, à le meubler avec toutes sortes d'objets « religieux ». Demeurant sauve la tradition comme acte de passation de Vivant à vivants, demeurant incontestable le trésor de sainteté, de charité, d'intelligence et de beauté qu'ont élaboré deux millénaires chrétiens, il nous faut revenir aujourd'hui de manière réflexive sur notre Histoire et discerner ce qui est étranger à l'Évangile, inutile à l'Évangile, ce qui n'est plus dicible, ni crédible, ni tenable. Il nous faut, moyennant une opération d'une rigueur et d'une lucidité sans précédent, détacher Jésus du dieu magique, du dieu archaïque, du dieu artificiel, du dieu officiel, du dieu philosophique, du lourd appareil dogmatique aux appendices suspects qu'on lui a attaché depuis des siècles, et qui l'encombre, et qui nous encombre sérieusement nous-mêmes, si nous sommes honnêtes (le malheur est que peu ont l'honnêteté de l'avouer). Corrélativement, il nous faut choisir entre la prolongation acharnée d'un certain fonctionnement religieux et l'exploitation innovante de ces « ressources du christianisme » sur lesquelles François Jullien vient d'attirer notre attention dans un petit ouvrage remarquable, ou encore la mise en œuvre de cet « esprit du christianisme » dont le père Joseph Moingt, jeune vieillard de cent trois ans, vient de nous suggérer les grands traits dans son audacieux testament spirituel. Certes, l'Église, comme mystère (Ep 3, 4-11), comme dessein de Dieu sur l'humanité, comme fondation évangélique (Mt 16, 18-19 ; Jn 21, 15-19), est éminemment sainte et transcende l'histoire des hommes ; certes, l'institution temporelle (elle ne s'assoit véritablement, pour le bon et le moins bon, qu'au IVe siècle) est irremplaçable (l'absence pure et simple d'institution serait une utopie, car rien ne perdure, ici-bas, sans une certaine assise institutionnelle), mais l'institution, dans sa configuration présente, est appelée à reconnaître ce qu'il y a de prétentieux et de malhonnête dans certains de ses comportements, ce qu'il y a d'insuffisamment revisité, d'insuffisamment repensé, et par conséquent d'inadapté dans certains de ses discours, dans sa catéchèse, dans sa prédication, dans sa liturgie, dans sa pratique sacramentelle, dans sa conception des ministères ordonnés, dans sa formation aux ministères ordonnés, dans son interface avec la culture et le monde. Certains, dont je suis, ressentent avec une acuité lancinante et de façon vraiment douloureuse l'inactualité de tout un système, la caducité de tout un édifice, la dérive d'un continent entier, la gravité d'un véritable changement « climatique ». L'effondrement de la voûte de Notre-Dame de Paris, il y a un an (définitivement irréparable), possède à cet égard la valeur d'un symbole dont beaucoup, beaucoup de clercs surtout, n'osent pas regarder en face la dimension tragique : effondrement d'un édifice non seulement matériel, mais conceptuel et civilisationnel, effondrement d'un ciel enchanteur, harmonieux, certes, mais caduc et nous laissant soudain désemparés sous un autre ciel qui se découvre sans fond. Au-delà des susceptibilités et des allergies politiciennes qui sous-tendent en ce moment les réactions catholiques, c'est à ces profondeurs vertigineuses, me semble-t-il, que les choses se passent et que, de toute urgence, une conversion, un déplacement de grande envergure s'impose à nous. Nous aspirons à une Église qui pense ; qui repense ses affirmations et ses fonctionnements ; qui, en auscultant profondément et sans présomption le monde, l'accompagne dans l'effort qu'il fait pour se penser. Par des voies discrètes et latérales, par les bas-côtés, nous aspirons à avoir, ou plutôt – parce que nous sommes toujours d'elle, et que nous l'aimons, et justement parce que nous l'aimons – nous aspirons à *être* une Église qui fasse le saut de la « mythologie » chrétienne à la théologie chrétienne, du psittacisme à l'interprétation, de la réaction à l'action, de la paresse à la pensée, de l'hagiographie à l'honnêteté, de l'angélisme à la considération de la chair, de la gourmandise du merveilleux à la gravité du réel, de l'ecclésiastique à l'ecclésial, de l'établissement à l'exode. Devant l'inanité de tant de discours religieux, devant l'inertie de tant d'installations, devant l'indigence de tant de propos catholiques, j'ai parfois envie d'avouer, avec l'enthousiasme d'un néophyte, l'« athée » qui sommeille en moi, l'athée chrétien qui reste en moi : car, au bout de soixante ans d'existence – je pousse ici la franchise jusqu'au bout –, il ne reste peut-être plus que cela en moi. Mais, somme toute, ce reste est un plus ! En tout cas, dirais-je avec un grain d'humour, peut-être faut-il, comme clerc – et surtout comme clerc –, posséder en soi-même un taux suffisant d'anticléricalisme pour être en vérité et sans péril un homme d'Église, comme un père Daniélou l'avait parfaitement compris et clairement formulé. « Réparer l'Église qui tombe », comme le Poverello (toujours en filigrane de ces propos) s'en était entendu intimer l'ordre, ne signifie pas restaurer à l'identique (ce qui est l'affaire des Monuments historiques), mais redimensionner l'édifice à l'échelle de son environnement, ce qui est l'œuvre commune de l'Esprit saint et des baptisés : *L'Esprit saint et nous-mêmes [...]* (Ac 15, 28).

Au regard du travail de discernement et de construction positive, passionnante, dont les circonstances actuelles nous offrent une opportunité sans pareille, la présente lettre serait presque une charte, ou du moins une allumette, au sens métaphorique que l'on donnait à ce terme dans la langue spirituelle du XVIIe siècle. En envisageant notre « fraternité du Compagnon blanc », nous pouvons dès lors nous poser les questions suivantes, tout à fait pratiques. Comment faire pour que ce temps de pandémie, au lieu de nous fermer et de se refermer sur lui-même comme une simple parenthèse, ouvre en nous et entre nous cet espace, ce christianisme spacieux qu'évoquait la dernière lettre ? Comment faire pour que l'attrait de l'Ouvert perdure au-delà du choc pandémique et de la période d'urgence sanitaire ? Comment faire, non pour imposer un Christ-Roi plus ou moins temporel dans la sphère publique (cette prétention est obsolète), mais pour manifester et incarner la présence du Christ – du Compagnon blanc – dans cette communauté qui se cherche entre les citoyens et les responsables de l'État ? Autrement dit, comment des citoyens, plus compréhensifs quant à la difficulté de faire fonctionner un État, plus attentifs à l'intrication de toutes les instances qui le composent, entreprennent, au cœur de la chose publique, et sans nécessairement tout approuver, un dialogue et une collaboration à travers lesquels se manifeste la présence du Christ ? Le déconfinement va exiger une intense attention à l'autre : chacun devra renoncer à l'impatience, à l'insolence, à la gourmandise, à l'incivilité de son *ego*, pour donner la priorité à la protection de l'autre, moyen éminent d'entrer en relation avec lui. N'y a-t-il pas là une manière très circonstanciée de faire eucharistie ? Comment penser l'Eucharistie en échappant à un très vieux et très actuel matérialisme eucharistique qui chosifie la Présence du Ressuscité au point de l'identifier, ou peu s'en faut, à un comprimé effervescent ? Comment penser le ministère ordonné en échappant aux ambiguïtés du « sacré » et à l'hégémonie du prêtre tout-puissant et solitaire ? Le « Compagnon blanc » est une expression qui nous donne à rêver, à imaginer, à penser : comment faire pour dépasser le simple charme des mots et découvrir, au plus intime de nous-mêmes, la réalité qu'ils esquissent ; pour construire, ensemble, le compagnonnage spacieux et rayonnant qu'ils appellent ? Car nul ne saurait prendre la place du Compagnon blanc, ni revendiquer pour soi-même une place auprès du Compagnon blanc (voir Mt 20, 20-23), mais la place doit demeurer toujours vacante en nous, entre nous, pour le Compagnon blanc : une communauté chrétienne ne se construit qu'autour de la place vacante – appel d'air ! – qu'elle laisse à son Seigneur absent-présent.

Et voilà comment nous en venons tout naturellement à l'évangile du cinquième dimanche du temps pascal (Jn 14, 1-12), tiré de l'admirable « Discours d'adieu » du Christ johannique. *Que votre cœur ne se trouble pas […].* Voilà bien les paroles rassurantes que nous avons besoin d'entendre sur le seuil d'un temps de l'indéterminé, puisque aussi bien l'affranchissement de tout dieu archaïque et mythologique ne signifie pas la condamnation de notre besoin d'être rassurés, et ne donne au contraire que plus de force aux paroles rassurantes de notre grand Frère humain. *Il y a beaucoup de demeures dans la maison du Père […]. Je m'en vais vous préparer une place […].* Voilà la maison spacieuse, conçue pour la « stabulation libre », accueillante au pluriel, à la différence et à la diversité. À vrai dire, nous n'avons pas à gagner la « place » en question par quelque mérite que ce soit : ce n'est pas une place honorifique, mais une place vitale dans le grand organisme de la vie. *Je suis le Chemin, la Vérité et la Vie […].* Remarquons bien l'ordre de l'énumération, la structure de cette trilogie. Non pas la Vérité seule, mais la Vérité accompagnée par le Chemin et la Vie, entre le Chemin et la Vie, prise, en somme, dans le dynamisme de la Vie (voir Ac 17, 28 : *De Lui nous tenons la vie, le mouvement et l'être*). Non pas un contenu dogmatique à apprendre, non pas une vérité close, mise en conserve, intolérante, intransigeante, comme elle est apparue trop souvent dans notre histoire catholique, mais une vérité toujours en train de se faire, toujours en train de se faire jour, dans la beauté, l'humilité, la gloire du pur *apparaître*, dans le mouvement existentiel et historique du pur *advenir*. Et le Christ continue avec un affectueux reproche : *Il y a si longtemps que je suis avec vous et vous ne me connaissez pas ? Philippe, qui me voit, voit le Père*. Nous restons comme interdits. Inutile de chercher plus loin. La curiosité est vaine. Le Christ ne fait pas mystère – pas mystère supplémentaire – de Dieu : il astreint simplement notre regard à l'austérité, à l'altérité de son visage d'homme, comme au jour de la Transfiguration : *Ils ne virent plus que Jésus seul* (Mt 17, 8) ; comme au jour du Discernement où les uns et les autres lui demanderont : *Seigneur, quand t'avons-nous vu avoir faim, avoir soif ?* (Mt 25, 37 ; 25, 44). Le Visage, composé de tous les nôtres, fait jaillir nos larmes (Lc 22, 61-62), fait briller notre joie (Jn 20, 20) et nous renvoie à nos responsabilités (Mt 25, 40). On ne saurait concevoir humanisme plus intégral que celui que respirent, qu'inspirent tous ces textes rapprochés. Transparent au Père, le Visage de l'Homme *venu du Père et retournant au Père* (Jn 16, 28) n'a pas d'au-delà qui sollicite notre curiosité : celle du dieu que forgent inlassablement nos angoisses, nos imaginations et nos acrobaties intellectuelles. C'est pourquoi, décidément, *nous voulons voir Jésus* (Jn 12, 21).

Mettons-nous donc en chemin dans le sens de la vie qui nous envoie au monde. On aurait aimé, ces derniers temps, entendre davantage de réclamations généreuses pour la mission que de revendications égoïstes pour la messe (celle-ci n'ayant de raison d'être que celle-là). Une mission dépouillée de tout appétit d'annexion et de conquête, mais qui laisse l'autre, tout autre, intact. Car le Christ ne détruit pas ce qu'il sanctifie, mais le répare, l'exalte et le transfigure. Loin des mesquineries, une Altitude appelle notre rupture d'amarres, notre abandon à son rythme souverain et, qui sait, notre bienheureuse perdition dans ses flots. Laissons l'Esprit travailler la chair frémissante de la mer, laissons la lumière traverser le galbe de la vague. « Le vent se lève !... Il faut tenter de vivre ! » (Paul Valéry, *Le Cimetière marin*). « Là où la terre n'existe plus, là d'où vient ce mouvement sur la forêt, d'une rive du monde jusqu'à l'autre, il n'y a de chemin pour moi qu'à travers la Paix [...] ! Sur les choses qu'il a créées ne cesse pas l'interrogation de l'Esprit » (Paul Claudel, *La Messe là-bas*).

De la sexualité
en son site ecclésiastique

Dans mon dernier billet (« Cinquième "provinciale" »), j'évoquais le pas que nous attendons de l'Église, ou plutôt que, en Église et face au monde, nous désirons faire ensemble, courageusement. Autant que faire se pourra, j'aimerais désormais revenir plus au long sur quelques-uns des aspects majeurs de ce déplacement dont j'ai succinctement énuméré les grandes lignes. Pris à mes propres mots, je ressens ce travail d'explicitation comme un devoir. C'est la moindre des choses, me semble-t-il, si l'on désire être de quelque utilité dans la réflexion et la construction communes qui s'entreprennent en ce moment çà et là. L'actualité ecclésiale qui a précédé immédiatement l'arrivée de la pandémie sur notre territoire et celle qui a accompagné la fin du confinement me suggèrent de développer sans tarder le point particulier que je formulais ainsi : « De l'angélisme à l'honnêteté ».

Il s'agit, pour le dire autrement, de la sexualité en son site ecclésiastique. Dois-je faire remarquer au préalable (c'est presque une excuse…) que, par la force des choses, je nourris cette réflexion en tant qu'homme, du sexe masculin ? Je n'en espère pas moins parler en frère de tant de voix féminines qui se sont élevées et qui vont continuer de s'élever sur le sujet. Dans ce propos nécessairement « partiel », dans cette moitié de la réflexion qu'hommes et femmes sont appelés à élaborer de conserve, on ne devra chercher ni une étude sociologique, ni une charge polémique, ni un documentaire à sensation, mais seulement une invitation à gagner des profondeurs peut-être inaperçues.

Marie-Dominique Philippe, Jean Vanier, Georges Finet *et alii* : les figures tutélaires de ces dernières décennies, charismatiques, reconnues, autorisées, déchoient les unes après les autres de notre admiration sans borne. Et il est fort probable que d'autres encore connaîtront à l'avenir un sort analogue. C'est la marche implacable d'un désenchantement qui affecte tout le paysage idyllique de la foi et de l'institution catholiques. La dissonance complète des comportements mis au jour avec l'abondant discours bioéthique produit depuis *Humanae vitae* (1968), comme avec une certaine prétention de faire la loi à tout le monde en ces matières, ajoute à l'intolérable et suscite un sentiment aigu d'incohérence. Et qui sait, après tout, si l'on ne peut remonter plus haut, beaucoup plus haut dans l'Histoire, pour porter le soupçon sur tant de modèles officiels, incontestables, que l'on a proposés à notre admiration, voire à notre culte ? Les saints les plus reconnus eux-mêmes furent-ils sans failles ni ombres ? Et chacun de nous, repassant sa propre histoire, peut légitimement s'interroger désormais, avec le recul de l'expérience et du temps, sur la netteté de bien des personnalités sacerdotales et religieuses qui ont accompagné la formation humaine et spirituelle de ses jeunes années. Je vais plus loin : une expérience suffisante de l'audition des clercs et des religieux en confession, comme ministre, ne révèle-t-elle pas un continent immense de faiblesses ? Osons rompre un mutisme qui nous arrange et sortir des retranchements professionnels de notre non-dit : qui de nous, prêtres ou religieux, peut certifier qu'il est toujours en conformité, toute sa vie durant, avec la norme, avec le directoire de la chair tel qu'il est présenté dans les manuels, les traités et les catéchismes, et au regard duquel nous prodiguons des conseils au cours de la confession sacramentelle, au regard duquel nous donnons l'absolution ? Allons ! En dépit de toutes les images avantageuses que nous cherchons parfois à donner aux autres et que nous nous donnons à nous-mêmes, il ne suffit pas de passer sur soi une soutane, une aube ou un scapulaire pour que cette affaire considérable qu'est notre chair se résolve et s'évanouisse : l'ère glaciaire qui s'impose dans les débuts peut être suivie d'étranges réchauffements. *Ils s'aperçurent qu'ils étaient nus* (Gn 3, 7)... Les prêtres et les religieux sont nus, comme les autres. Pareille « reconnaissance » de la réalité est le préalable obligé, non seulement de tout discours pastoral et spirituel admissible, mais de tout travail constructif sur le fonds, non d'une anormalité miraculeuse, mais d'une sexualité ordinaire, partagée non seulement avec tous les humains, mais avec tous les êtres vivants. Au milieu de sa grande célébration des « choses de la Terre » (*Géorgiques*, III, 244), Virgile, qui traite de l'instinct animal comme il traitera plus tard de la passion de Didon et d'Énée, fait ce constat dont la concision n'a d'égale qu'une indulgence inspirée par un long regard sur le monde : *Amor omnibus idem*, « Amour est le même pour tous ». Imaginons un instant une « manif » qui arborerait ces mots...

Dans ces conditions – et c'est là que je veux en venir –, les révélations de tant d'égarements, de déviances et de perversions, nous invitent, au-delà du moment bien compréhensible de l'indignation, au-delà de l'émotionnel et de la condamnation nécessaire des abus, à nous arrêter, à faire silence, à descendre très profond pour interroger, pour inventorier le « lieu commun » de notre sexualité humaine. Car il n'y a point, en réalité, à ce tribunal que l'on voit se constituer aujourd'hui, d'un côté les mauvais et de l'autre les exempts, les immunisés, les irréprochables, d'un côté les indignes et de l'autre les indignés. L'Évangile ne nous a-t-il pas appris, d'ailleurs, à remettre en question pareil manichéisme ? (Jn 8, 1-11). Il ne s'agit assurément pas de minimiser, ni de justifier, ni d'excuser les abus qui demeurent inadmissibles, mais encore une fois, pour nous, de descendre plus profond, de partir en reconnaissance, d'identifier, dans le « tout-bas », plus bas que le « mauvais lieu » où il risque toujours de s'égarer, de se pervertir et de se défigurer, le lieu fondamental, le lieu-source duquel procède, chez ceux-là mêmes qui s'égarent, la part, la pierre précieuse qui échappe à la condamnation et à la caducité : par exemple, chez ce grand aimeur que fut – malgré tout – Jean Vanier, sa tendresse pour « Jésus » et pour les plus faibles (ce qui explique, d'ailleurs, que l'arche peut survivre et survivra effectivement à son fondateur). Car dans l'homme tout n'est pas jetable, ni par lui-même, ni par les autres, ni par le Dieu manifesté en Jésus-Christ. Car aucun homme n'est entièrement jetable. Car aucun homme n'est foncièrement jetable (voir Jn 6, 37). Car le fond de l'homme, notre fond commun (inassimilable à je ne sais quel déchet), n'est pas jetable sans autre forme de procès. Bref, la condamnation des abus et la mise en place de stratégies défensives sont insuffisantes et ne représentent qu'un moment, qu'un aspect d'un processus beaucoup plus vaste à entreprendre et à conduire. Avec cela, il est à la fois malhonnête et dangereux, comme on le fait si souvent et depuis si longtemps en milieu ecclésiastique, de déguiser notre sexualité sous un scaphandre ou de l'ensevelir, comme un réacteur nucléaire, sous une chape de béton.

Après avoir identifié l'existence du lieu fondamental, du lieu-source, du lieu sous-jacent aux mauvais lieux possibles, nous pouvons tenter d'en approcher l'essence. Qu'est-ce, au fond, que la sexualité ? Non pas un accident de l'homme, non pas un département de l'homme, non pas une faculté facultative de l'homme, mais une dimension transcendantale qui oriente, qui qualifie, qui « modifie » tout son être et tout son agir, un *donné* qui émane, qui rayonne, qui infuse, à son insu même, dans toute sa vie ordinaire, affective, intellectuelle, créatrice, relationnelle, sociale, spirituelle. Un signe sous lequel tout, absolument tout, est placé, et chez ceux-là mêmes qui ne font pas un usage physique de la sexualité. La sexualité demande à être « avouée » et ce, dans un sens bien plus large et bien plus positif que celui qui a cours dans le cadre strictement confidentiel d'une confession. Loin d'être évacuée ou exclue, elle demande à être validée. « Condition » (au sens étymologique de *condere*, « fonder »), elle est en effet de l'ordre du fondamental et du principiel. Elle est ressource, potentiel, énergie primaire, ère primaire de notre « géologie » humaine, pour la simple raison qu'elle incarne, en nous, le dynamisme de la vie. Il nous revient de travailler cette ressource et, pour commencer, de prendre connaissance de ses profondeurs abyssales. Méfions-nous, en l'occurrence, du vocabulaire biaisant de la sublimation : on ne sublime pas la sexualité, mais c'est la sexualité elle-même, la sexualité toujours qui s'exprime jusque dans les « langages » les plus inattendus, étant elle-même intrinsèquement parole, « verbe » puissant et protestant de notre chair. Au vrai, tout, en nous, est parole de chair, œuvre de chair. Le *logos* de la chair ne saurait être davantage *évacué* que celui de la croix (voir 1 Co 1, 17-18). La chair ne saurait être sous-traitée comme une saleté, mais demande à être visitée, explorée, illuminée jusque dans le « tout-bas », avec cette *lampe* d'intérieur dont parle l'Évangile (Mt 5, 15-16), lampe qui n'est autre que la lucidité et l'honnêteté de notre *œil simple* (Mt 6, 22 ; Lc 11, 34-36). Dans un silence lumineux, faisons donc la découverte, l'inventaire de l'énergie de la vie qui est en nous ; écoutons voir ce qui monte, non de notre cloaque, mais de notre abîme ; recueillons-nous un instant sur le grand désir qui nous habite et qui récapitule dans une flamme unique tout le buisson ardent de notre chair.

La sexualité humaine ne se limite pas à sa finalité procréatrice au sens biologique et utilitaire du terme, encore qu'un certain discours ecclésiastique ait longtemps voulu, par instinct de sécurité, l'encadrer, la confiner dans cette fonctionnalité unique. En fait, elle inscrit, dans notre chair, une loi d'aimantation autrement inventive, insubordonnée et fondamentale. À bien considérer les choses, toute relation humaine, toute relation au monde, toute relation à Dieu convoque cet « immanent » de notre chair, tout ce « bois de musique » de notre cri le plus primitif, car *ma chair*, ma chair toujours incomplète, *est* foncièrement *un cri* (Ps 83, 3). Lieu maximal de notre énergie (puisqu'elle donne la vie), la sexualité est aussi le lieu maximal de notre fragilité. Elle est notre risque, à proportion de ce qu'elle est notre abîme (mais a-t-on jamais vu qu'un abîme ne fût pas risqué ?). Bien par-delà les nomenclatures officielles, bien par-delà les espaces ordinairement fréquentés par les viveurs et autorisés par les censeurs (en la matière, ceux-ci sont autant hors sujet que ceux-là), la sexualité de l'homme ne cesse de chercher et de se chercher : encore une fois, elle trouve à s'exprimer là même où nous n'avons pas conscience, où nous n'avons pas l'idée, où nous nous obstinons à ne pas vouloir reconnaître que, tout bas, c'est elle qui parle. C'est elle, naturellement entreprenante, symboliquement érectrice et pénétrante chez l'homme, qui sous-tend volontiers l'énergie déployée dans les grandes synthèses intellectuelles et philosophiques, dans la création artistique, dans les engagements politiques ou humanitaires. Pas de cérébralité qui ne convoque la sexualité. Pas de cime qui ne sollicite l'assise et ne partage avec elle une éminente dignité. Pas de *haut* qui ne fonctionne avec le *bas*, lequel n'a absolument rien d'inférieur. Pas de ciel qui n'ait besoin de la terre pour l'aider. C'est cette assise de la chair qui s'installe, au beau milieu de la Bible, à travers le langage épanoui du Cantique des cantiques, c'est elle que sous-entend le cadre matrimonial et festif du *premier signe* (Jn 2, 11) opéré par Jésus. C'est elle qui, laissant par ailleurs entière la possibilité de fragilités que trop d'hagiographies édifiantes occultent et que nos enquêtes historiques entrevoient désormais, supporte les *Sermons sur le Cantique* de Bernard de Clairvaux, le traité de *L'Amitié spirituelle* d'Aelred de Rievaulx, l'amour de François d'Assise pour Dame Pauvreté et *La Vive flamme d'amour* de Jean de la Croix. Il est à parier – j'ose le dire – qu'il n'est pas de vie consacrée aux étreintes les plus intellectuelles, les plus caritatives et les plus mystiques qui ne procède, de manière asymptotique, vers l'acte de chair le plus concret, comme si celui-ci n'était pas l'acte le plus adolescent de la vie que l'on imagine, mais son acte terminal et le plus mûr. Dès lors, descendre vers ce centre de gravité qu'est notre chair, faire le clair sur notre *tout-bas* (ce *bas* n'étant ni sommairement condamnable ni damné), c'est faire œuvre d'honnêteté autant que d'exactitude : une œuvre à laquelle tout le monde a droit de notre part et qu'il attend de plus en plus en vérité. Car le véritable « péché » de la chair est bien moins d'essence solitaire que d'essence sociale, dans la mesure où il est un péché de malhonnêteté et de mensonge. Ce qui est intolérable dans les abus, c'est le mensonge plus ou moins conscient dont les ont entouré leurs auteurs, le mensonge dont les ont entouré leurs complices, le mensonge dont les a entouré l'institution tout entière.

En définitive, s'il est un vocabulaire, s'il est une notion à promouvoir, en toutes ces matières, c'est, me semble-t-il la magnifique notion de *fécondité*. Oui, c'est notre fécondité qu'il faut inventorier, inventer, décupler, car l'homme, quel que soit son état, est fait, par constitution, pour être père, c'est-à-dire pour donner la vie, pour *donner sa vie, en abondance* (Jn 10, 10-11). Et cet inventaire, cette expansion de notre fécondité – le *« Multipliez-vous »* des origines (Gn 1, 28) concerne tout homme –, est l'œuvre, le chef-d'œuvre d'une vie, le « capital » anticipé de notre résurrection future.

L'exercice du ministère, la célébration de la liturgie et des sacrements, l'accompagnement spirituel, la vie spirituelle ne rapprochent pas seulement des « âmes » : ils rapprochent des corps. Ce qui est dans la logique de l'incarnation est aussi source de risque. La chair, toute chair, est un continent magnifique et périlleux. L'incarnation est le risque par excellence : Dieu même en sait quelque chose qui, si j'ose dire, y a laissé sa peau. Le célibat (je n'ai pas l'intention d'aborder ici le problème de sa reconduction dans la discipline ecclésiastique de l'Église latine), le célibat est, il faut bien l'avouer, une situation proprement vertigineuse, et ceux qui l'embrassent doivent en être avertis, comme ils doivent en avertir en toute clarté ceux et celles qu'ils fréquentent, mais ils n'auraient pour la chair, pour toute chair concernée par l'incarnation de Dieu qu'une bien piètre estime s'ils ne cherchaient à entretenir avec les corps qu'une distance de sécurité. Aussi voudrais-je évoquer maintenant trois écueils, trois éléments embarrassants de notre héritage catholique qui, dans le monde ecclésiastique, nous empêchent de rencontrer en vérité, en toute clarté, le corps. Notre corps et le corps des autres.

Il y a d'abord le « dogme » du péché originel, lourde pièce de la théologie augustinienne que les avancées irréversibles de la paléontologie et des sciences humaines ont rendue tout à fait irrecevable, au moins dans son état brut. Ce « dogme » tenace qui passe encore aux yeux de beaucoup – au-dedans de l'Église aussi bien qu'au-dehors – pour le premier article, pour le fondement obligé de tout l'édifice de la foi chrétienne et qui continue de traîner dans notre vocabulaire liturgique, hante nos représentations et pollue en quelque sorte immédiatement notre appréhension de la sexualité. Or, là où le péché surabonde, là où ce péché-là surabonde, ce n'est pas nécessairement la grâce qui surabonde (Rm 5, 20), mais plutôt la honte, le désespoir et, conséquemment, une révolte, une insurrection de la chair aux conséquences lamentables. Pareille « archéologie » pèse lourd sur notre histoire : nous partons d'emblée d'un corps brisé, nous portons par principe un corps brisé. Nous ne rencontrons physiquement et spéculativement la sexualité qu'à travers cette vitre brisée en mille morceaux, cependant que le *nu* (Gn 3, 7) qui sort de cette catastrophe fondatrice n'est plus sous le signe de la lucidité, mais sous celui de la démolition.

Ensuite, il y a – non sans lien organique, évidemment, avec cette « archéologie » désastreuse – les hypertrophies de la mariologie et les maladresses du culte qui l'escorte. Car il y a une manière indiscrète de parler de la virginité de Marie qui, j'ose le dire, est une espèce de viol, comme il y a un discours obsessif et unilatéral sur la virginité qui – paradoxe – représente à son tour, dans notre histoire catholique, une espèce de péché originel. On sait en effet comment, surtout à partir du IVe siècle, les Pères de l'Église ont mis l'accent sur la virginité physique de Marie, en même temps que, dans leur discours ascétique et disciplinaire, parfois dithyrambique et aujourd'hui inaudible, la virginité acquérait un statut d'éminence, au détriment du mariage chrétien. Tout cela s'est aggravé, aux siècles derniers, lorsque l'on a proclamé des dogmes essentiellement « préservatifs » au sujet de Marie, en particulier celui de l'Immaculée Conception (qui demande à être compris dans le sens positif de la plénitude de grâce et sur lequel les Églises d'Orient, d'ailleurs, n'ont jamais jugé utile de se prononcer). Ainsi a-t-on imposé insensiblement une anatomie de la virginité, ainsi a-t-on dangereusement conforté une mythologie, une idéologie, un matérialisme de la virginité, alors que le récit évangélique de l'Annonciation (Lc 1, 26-38), l'une des pages les plus belles et les plus inspirantes de la Sainte Écriture, suggère quelque chose d'autrement essentiel, à savoir l'entière disponibilité de Marie, jusque dans sa chair, au projet de Dieu. Car ce qui est « virginal », en Marie, c'est d'abord et avant tout son accueil de la Parole, proposé en modèle à toute l'Église et participable par tous les croyants : le reste est un mystère inaccessible à nos curiosités. En toute origine demeure une part inviolable de secret dont la femme est tout particulièrement la dépositaire. Dans l'origine de Jésus, comme dans notre origine à chacun de nous. Personnellement, je ne verrais pas d'inconvénient à ce que l'*Esprit saint* ait *pris sous son ombre* l'intégralité d'un rapport sexuel humain, ce qui serait, soit dit en passant, davantage « bonne nouvelle » pour la sexualité masculine (laquelle, autrement, se sent éconduite comme une agression et une saleté) et davantage en cohérence avec la réalité et le sérieux de l'incarnation. Autrement dit une « virginité » qui transfigure, c'est-à-dire magnifie une conception ordinaire. La vraie dévotion à Marie, fort silencieuse et sobre à l'image de Marie elle-même, demeure la dévotion à ce à quoi Marie fut dévote, autrement dit la dévotion à la Parole de Dieu, écoutée, méditée et accomplie. Bref, nous pouvons diagnostiquer dans une certaine exaltation de l'« immaculé » les relents de cette religion archaïque, vétéro-testamentaire, que la tache ne cesse d'obséder, qu'elle soit de sang ou de sperme, l'« immaculé » et le « maculé » s'appelant mutuellement dans une interminable et désespérante surenchère. Il n'est pas anodin, pour le regard d'un observateur averti, que les milieux où se produisent des abus sexuels soient ordinairement des milieux où s'affiche une dévotion mariale intempérante et prolixe… Comment oublierais-je les « admirables » causeries mariales du père Marie-Dominique Philippe auxquelles j'assistais à Paris, alors jeune étudiant ? « Ah ! pour être dévot je n'en suis pas moins homme… » Tartuffe n'est pas qu'une amusante curiosité du Grand Siècle : il survit dans certaines schizophrénies contemporaines, dans certaines cohabitations endurcies de l'ange et de la bête. Il y a des dévotions collectionneuses et baladeuses qui colmatent péniblement les failles non assumées de psychismes problématiques : autant de palliatifs inquiets à cet abîme que chacun de nous comporte en soi. J'ajouterai qu'une piété mariale démonstrative et militante peut fort bien s'accompagner du plus parfait machisme clérical, la focalisation sur la femme inoffensive permettant d'éviter confortablement toute préoccupation d'honorer la place des femmes réelles dans la vie des communautés chrétiennes.

Il y a enfin toute une représentation du prêtre qui s'alimente aux sous-produits de la lointaine École française de spiritualité, toujours influente (sinon toujours connue dans ses authentiques monuments littéraires), à une conception romantique et fortement individualisée de la vocation, à la résurgence de schèmes paternalistes très gratifiants et politiquement teintés, à une théologie surannée du sacerdoce qu'il sera toujours impossible de concilier avec les textes du Nouveau Testament, évidemment porteurs d'une tout autre conception des ministères ordonnés. Dangereuse accaparation de ce que l'*Épître aux Hébreux*, fort discrète, quant à elle, sur les ministères ordonnés, n'affirme que du Christ seul. Dangereuse fascination du prêtre séparé, supérieur, environné et imbu d'une sacralité qui l'ignifuge, alors que l'on voit certaines coquetteries sacerdotales enrober de véritables explosifs. Et puis, pour évoquer un autre modèle tentant, est-ce vraiment le Curé d'Ars qu'il nous faut aujourd'hui reproduire, face au laxisme des temps ? Quoi qu'il en soit du Curé d'Ars dont il n'est évidemment pas question de contester l'humble grandeur ni l'extraordinaire rayonnement, ce que la psychanalyse nous a révélé nous rend légitimement circonspects devant les prouesses forcenées de la mortification. Car certaines macérations intempérantes et non contrôlées par un véritable accompagnement spirituel ne sont que des formes perverses de l'autoérotisme, des réponses affolées à de grandes débauches qui couvent. Au vrai, la sexualité ne se traite ni par le rêve, ni par le dédain, ni par la violence.

Dès lors, par les temps qui courent, méfions-nous des admirations béates : de celles dont nous sommes les dupes comme de celles que (Dieu nous en préserve) nous chercherions à attirer sur nous-mêmes. Méfions-nous des canonisations hâtives qui prétendent remplir un ciel officiel et artificiel. Gardons-nous des modèles, s'ils ne sont que des idoles momentanées, et des exceptions qui désespèrent plutôt qu'elles n'édifient. Même les figures de sainteté entérinées par la tradition ont eu, Dieu merci, leurs persévérantes et irréductibles faiblesses. Au centurion Corneille qui se prosterne devant lui, Pierre adresse ces mots : *« Relève-toi, je ne suis qu'un homme, moi aussi »* (Ac 10, 26). Et c'est une honnêteté singulièrement émouvante que celle d'Augustin lorsque, étant évêque – oui, étant évêque, que l'on y songe ! –, il n'hésite pas à avouer qu'il est encore accessible aux sollicitations des images de ses anciens plaisirs (*Confessions*, X, 30, 41-42). Ce genre d'aveu mérite davantage notre mémoire et notre gratitude que les élévations les plus sublimes de la théologie. Décidément, il n'y a pas d'exempts de la condition humaine : pour notre consolation, pour notre entraînement, il n'y a que des hommes et des femmes fragiles qui tentent de vivre et qui peinent, même les plus grands, au difficile métier d'aimer.

*

Comme débouché naturel et attendu de ce qui précède, et avec la ferme intention de faire œuvre utile, je formule quelques propositions d'ordre pratique, en les disposant dans un ordre qui suggère librement un itinéraire. Il s'agit en somme de *désigner* les choses. Il s'agit de passer du tabou au secret, du secret à la confidence, de la confidence au partage, du partage à l'élaboration d'une « charte de la chair ». Il s'agit d'amener doucement les choses à la lumière en les amenant doucement à la parole, à l'état de parole, si approximative soit-elle encore ; de mettre à la parole, en somme, comme on met à jour. *Quiconque commet le mal hait la lumière et ne vient pas à la lumière, de peur que ses œuvres ne soient démontrées coupables, mais celui qui fait la vérité vient à la lumière, afin de manifester que ses œuvres sont faites en Dieu* (Jn 3, 20-21). *Ce que ces gens-là font en cachette, on a honte même de le dire ; mais quand tout cela est dénoncé, c'est dans la lumière qu'on le voit apparaître ; tout ce qui apparaît, en effet, est lumière* (Ep 5, 12-14). Tirer au clair, au sens le plus fort de l'expression, voilà notre travail : voilà notre œuvre *pour* la chair.

– Descendre en silence dans notre *tout-bas*, nous apercevoir de notre assise, identifier le *tout-bas* comme l'origine depuis laquelle tout part, tout commence, tout survient en nous. Visiter et habiter, en nous, le site fondamental de la vie.

– Identifier le feu, le volcanisme de la vie qui monte en nous, le cratère qui est en nous, et y camper.

– Identifier, non pas les sublimations (il n'y en a pas), mais les traductions, les « conductions », c'est-à-dire les moyens et les domaines d'expression de notre sexualité : conductions intellectuelles, affectives, artistiques, sportives, etc. Repérer et cultiver nos « lieux d'aisance », c'est-à-dire les activités où notre corps est en « jeu », où notre corps, en « état de grâce », se mobilise, se détend, se déploie et devient l'instrument d'une vraie doxologie ; *Rendez gloire à Dieu dans votre corps* (1 Co 6, 20) : ce peut être la pratique du chant ou d'un instrument de musique, l'exercice d'un artisanat, le travail en cuisine, le soin affectueux et méticuleux des malades, etc. D'un point de vue masculin, je parlerais volontiers aussi de « lieu de puissance » (puissance à bien comprendre, bien sûr), étant donné que le célibat, si célibat il y a, le difficile et modeste célibat ne saurait s'accompagner d'aucune diminution de la virilité, d'aucune renonciation à la virilité sous ses formes les plus solides et les plus hautes.

– « Toucher terre », grâce à ces grands exercices de notre corps que sont le travail physique et le sport.

– Faire vivre l'amour, non dans des passades, mais dans des épousailles constantes avec le réel, avec l'universalité du réel. Reconnaître le partenaire infini qui, à travers notre désir de ceci ou de cela, appelle notre étreinte.

– Tâcher de nous raconter à nous-mêmes l'histoire de notre chair, de repérer les nœuds de l'arbre, de poser là-dessus quelques mots.

– Tâcher de raconter cette histoire à un autre. Et d'abord trouver à qui raconter cette histoire. L'*autre* a déjà grâce pour nous entendre pour la simple raison qu'il est *autre*. Attention : cet autre ne sera pas nécessairement ni immédiatement un clerc ou un religieux ! Il y a tout intérêt à trouver au plus près de nous ; au plus près de nous quant à la confiance et à la liberté. Nous pouvons raconter beaucoup plus aisément cette histoire à un laïc, et surtout à un ami, à un confident, bien au-delà des frontières officielles de la « confessionnalité » (entendue comme confession de foi et comme sacrement de la confession). Peut-être les vraies amitiés, les seules vraies amitiés se fondent-t-elles d'ailleurs sur la possibilité qu'elles nous offrent de nous raconter mutuellement cette histoire. Nous n'avons d'amis authentiques que ceux à qui nous pouvons raconter *tout ça*, que ceux avec lesquels nous pouvons descendre ensemble dans le *tout-bas*, avec lesquels nous pouvons promener dans l'obscur la lampe d'une parole partagée. L'ami auquel nous raconterons cette histoire ne sera pas nécessairement un saint ; il ne le sera probablement jamais ; il ne vaut mieux pas qu'il le soit : rien ne soude davantage l'amitié que la révélation mutuelle de faiblesses identiques. Rien n'est plus édifiant, pour les clercs et pour les religieux, que la fréquentation des laïcs mariés, de leurs itinéraires chaotiques plus encore que de leurs sereines fidélités.

– Oser nous raconter cette histoire, au moins quelque chose de cette histoire, en communauté. Ce qui, il faut bien le dire, ne se fait jamais, car le poids d'une tradition presque inamovible, joint à une espèce de contrat social de mutisme, nous empêche de parler entre nous du *tout-bas*. Tout ne va-t-il pas de soi ? N'avons-nous pas mis *tout ça* à la porte en franchissant le seuil de nos divers instituts ? Il en va comme si nos institutions, grandes et petites, ne pouvaient tenir qu'à la condition de ne jamais porter ces profondeurs à hauteur de conversation, alors que ce sont précisément elles qui, plus que toutes les banalités de nos conversations collégiennes, nous permettraient de faire véritablement connaissance mutuelle, à véritable hauteur d'hommes et de femmes. Si nous n'en venons pas suffisamment à ce *tout-bas* que nous partageons, nos vies communautaires risquent de n'être qu'un malentendu.

– Inscrire tout ce travail d'exploration et de mise au clair au programme des instituts de formation cléricale et des noviciats religieux. La fameuse « spiritualité » que l'on range dans le cycle propédeutique ne devrait pas procéder à une évasion hors de la chair, à grand renfort d'émotions et de dévotions religieuses, mais à une consolidation et à une vérification des assises, critère majeur pour le discernement des authentiques appelés. Car il ne s'agit de former ni des distributeurs de sacrements, ni des managers, ni des gardiens d'une territorialité ecclésiale de plus en plus problématique, mais des compagnons d'humanité et des éveilleurs de sens.

– Faire tout ce travail de désignation et de clarification en Église et en rendre compte à tout le monde ; le déposer devant le monde comme une réparation pour tant de siècles de malhonnêteté ; le proposer à tout le monde comme un exercice possible. Un service public de la lumière et de la parole, pour un progrès de notre commune humanisation.

De la fabrique du sacré à la révolution eucharistique

Quelques propos sur le retour à la messe

C'est décidément chose étrange comme la messe, dans l'histoire religieuse de notre pays, a pu faire l'enjeu de débats et le fait encore, même depuis que l'immense majorité de nos concitoyens a cessé de s'y rendre, au point que l'on peut se demander, parfois, si toute cette chamaillerie épisodique n'entre point parmi les indicateurs de notre identité française. Que l'on songe à la fameuse boutade d'Henri IV converti par diplomatie au catholicisme, dans la perspective de son sacre de 1593 : « Paris vaut bien une messe », ou encore, en plein affrontement de la République et de l'Église à l'aube du siècle dernier, aux non moins fameuses « fiches » du général André qui portaient éventuellement, sur les cadres de l'armée, l'indication suivante : « Va à la messe ».

Alors que la normalisation d'une *forme ordinaire* et d'une *forme extraordinaire* du même rite romain (2007) n'a pas encore tout à fait aplani la courbe d'une opposition névralgique entre la « nouvelle messe » (1969) et la « messe de toujours » (?) qui connut chez nous son pic entre 1976 et 1988, la messe s'est trouvée tout récemment au cœur des revendications d'un puissant « lobby » catholique, au spectre complexe, auprès des autorités civiles, injustement soupçonnées de compromissions avec un antichristianisme souterrain et invétéré. Parce qu'elle a fait couler beaucoup d'encre ces derniers temps, et suscité de nombreuses prises de parole, il m'est venu à l'idée, ou plutôt il me tient à cœur de toucher quelques mots de la messe ou, plus exactement (car la nuance est considérable entre les deux termes), de l'Eucharistie. Ce faisant, j'espère, toujours attentif à tenir mon engagement, rendre quelque service, non seulement à la communauté catholique, mais au monde qui l'entoure et qui doit la considérer parfois, avouons-le, avec une certaine perplexité.

Assurément, la messe, passablement estompée du paysage sociologique français et désertée par une masse toujours plus considérable de baptisés officiels, a fait ces jours-ci beaucoup de réclame. Assurément, beaucoup de fidèles seront heureux, très prochainement, de retourner à la messe. Mais là ne devra pas s'arrêter notre chemin, et c'est précisément toute la matière de mon propos.

Car enfin, sous la messe, l'Eucharistie ne s'est-elle pas fait ces temps-ci quelque peu oublier ? Tout le bruit que l'on a fait – et qu'à vrai dire l'on fait depuis si longtemps autour de la messe (sinon parfois au cours de la messe...) – ne nous empêche-t-il pas d'entendre l'Eucharistie ? Ne nous distrait-il pas sans cesse d'entrer dans le processus vertigineux qu'a inauguré, pour nous, au soir de sa passion, le geste à la fois si simple et si innovant de Jésus ? Il va donc falloir que, pour notre édification mutuelle et pour l'édification du monde (il serait temps d'y penser...), nous retournions non seulement à la messe, mais à l'Eucharistie, à supposer que quelqu'un d'entre nous puisse se targuer d'être jamais allé tout à fait jusque-là. Il va falloir que nous allions de *ma* messe à *la* messe (ce qui représente déjà un pas considérable), et puis de la messe à l'Eucharistie, ce qui est l'œuvre de toute une vie chrétienne et de tout le pèlerinage temporel de l'Église vers le Royaume. Il va falloir que nous allions de la messe qui agite, qui divise, à l'Eucharistie qui est le « signe de l'unité » (Vatican II, constitution *Sur la sainte liturgie*, 47, citant Augustin).

Les temps que nous venons de traverser, et qui sont loin d'être révolus sans doute, ont réveillé beaucoup de fantasmes archaïques : celui de nos peurs, bien sûr, mais aussi celui de la « religion » (sinon parfois de la religiosité) qui cherche à les exorciser. *Et antiquum documentum novo cedat ritui,* chantait-on jadis dans le *Tantum ergo* qui accompagnait le Salut du Saint-Sacrement, c'est-à-dire : « Que l'ancienne alliance cède le pas au rite de la nouvelle. » Est-il certain que, touchant à ce « si grand Sacrement » – *Tantum ergo Sacramentum* –, nous ayons vraiment fait le pas personnel et ecclésial qui va de l'ancien au nouveau, de l'archaïque à l'eschatologique, de l'habituel à l'inouï, du religieux au révolutionnaire, de la « religion » au christianisme ? Car enfin si nous savions le *Don de Dieu* (Jn 4, 10), si nous entrevoyions la portée de l'acte pascal de Jésus qui nous a été *transmis* (1 Co 11, 23), si nous réalisions le caractère proprement explosif de la *fraction du pain* (Lc 24, 35), alors nous ririons de nos mesquineries, nous pleurerions de nos disputes. De fait, à ausculter tout ce qui s'est donné ces derniers temps à voir, à lire et à entendre çà et là, l'on ne peut s'empêcher d'éprouver un sentiment de tristesse et l'on demeure parfois franchement ahuri. L'on croyait disparu depuis longtemps le « matérialisme » sacramentel : en fait, il est toujours vivace, il semble s'endurcir, et s'entretient de tout ce que notre religion non évangélisée comporte de primaire.

Je parlerai donc ici comme modeste théologien, mais aussi, tout simplement, comme baptisé, comme chrétien du XXIe siècle, comme chrétien « œcuménique » aussi respectueux de l'héritage de nos Pères dans la foi que soucieux de la réception de l'Évangile par le monde d'aujourd'hui. Rappelons d'abord que les sacrements chrétiens, gestes sauveurs du Christ identifiés et sans cesse approfondis par l'Église, traversent l'histoire des hommes : le style de leur célébration comme la théologie que l'on en fait. À commencer par l'Eucharistie qui est le plus grand d'entre eux, et justement parce qu'il est le plus grand. *Tantum ergo Sacramentum...* C'est ainsi que l'on peut considérer, au fil des siècles, une célébration paléochrétienne, une célébration médiévale, une célébration baroque, une célébration romantique, une célébration antéconciliaire et une célébration postconciliaire de l'Eucharistie. Et c'est encore ainsi qu'il s'est élaboré des théologies successives de l'Eucharistie : celle d'Augustin, celle de Paschase Radbert, celle de Thomas d'Aquin, celle de Suarez, celle de Odo Casel, pour ne citer que quelques exemples. Aucune n'a eu ni n'aura d'ailleurs le dernier mot, puisque aussi bien le geste testamentaire de l'homme de Nazareth – le festin qu'il a fait de son destin – ne cesse de dévoiler des aspects inédits, compte tenu des investigations de l'exégèse et de la science historique, des évolutions de l'ecclésiologie, de l'expérience pastorale et spirituelle. Or, au fil de l'Histoire, la grande tentation qui guette notre célébration, notre théologie et notre rapport subjectif à l'Eucharistie, est le matérialisme. Car il existe bel et bien un matérialisme qui plombe notre compréhension, notre fréquentation, notre

« économie » des réalités les plus spirituelles[1]. C'est peut-être d'ailleurs autour de l'Eucharistie que la tentation « religieuse » se fait la plus forte : celle de réduire le vivant et la vie à *quelque chose* que l'on fait, que l'on tient, que l'on consomme, que l'on mérite, que l'on possède. C'est relativement à l'Eucharistie que la régression chrétienne vers le « religieux » se fait la plus menaçante, alors même que ce « religieux » se drape dans les atours d'un « sacré » dont les attaches étrangement païennes n'ont pas grand-chose à voir avec la nouveauté radicale – révolutionnaire – qu'a instaurée le christianisme originel.

La théologie du haut Moyen Âge occidental, régressant à cet égard sur des pages d'Augustin qui n'ont rien perdu de leur justesse (*Cité de Dieu*, X, 6 ; *Sermon* 272), a parlé volontiers – et maladroitement – des sacrements comme « vases » et comme « remèdes ». De fait, ce serait tellement facile, dans un sauve-qui-peut, dans un mouvement d'accaparation infantile, de mettre le bon Dieu en boîte ! Mais les sacrements ne sont pas des vases tels qu'il s'en voyait autrefois sur les rayons des apothicaires et, même si le Christ guérit, les sacrements ne sont pas davantage des « médicaments » dans le

1. Il peut s'accompagner, paradoxalement, d'une indifférence complète au corps (nos corps !), à l'importance de sa présence et du contact physique qu'il appelle, comme l'ont montré certaines pratiques sacramentelles palliatives discutables durant le temps du confinement.

sens immédiat du terme. Le corps du Christ n'est pas une barre énergétique, ni le sang du Christ une tisane bio. Or, est-il bien sûr qu'une conception magique, utilitariste et égoïste des sacrements, et particulièrement de l'Eucharistie, ne continue pas, aujourd'hui, à hanter le tréfonds des consciences chrétiennes ? Les vases sacrés de nos liturgies, si légitime que soit le souci que nous avons de leur beauté, ne doivent pas nous donner le change : rien ne confine la Présence. Et le vocabulaire de la « Présence réelle » lui-même ne doit pas prêter à contresens : *res*, qui renvoie à une réalité vivante, au grand réel, à Celui qui est *le Véritable* (1 Jn 5, 20), se voit presque immanquablement tiré, du fait de nos manipulations, du côté de la « chose ». Or, l'Eucharistie n'est pas quelque chose, pas même la chose la plus précieuse qui soit au monde : elle est quelqu'un. Et ce n'est pas tout : elle est nous, car *ceci est mon corps* (Mt 26, 26), toujours au péril d'être chosifié, doit être sans cesse « équilibré », éclairé par l'affirmation paulinienne : *Or, vous êtes, vous, le corps du Christ* (1 Co 12, 27). Peut-être la véritable « institution » de l'Eucharistie serait-elle à chercher (ou du moins à chercher davantage qu'on ne le fait d'ordinaire) dans la parole de Jésus lui-même : *Quand deux ou trois sont réunis en mon nom, je suis là au milieu d'eux* (Mt 18, 20). L'Eucharistie n'est donc pas ce quelque chose, si précieux soit-il, si « sacré » soit-il, à quoi nous la réduisons par commodité, par faiblesse, par régression, par intérêt : elle est lui, elle est nous, elle est lui *avec* nous et nous *avec* lui, elle est cet entre-nous au milieu duquel Il surgit (ressuscite), au milieu duquel Il se produit librement comme événement pascal, comme événement unique. Elle est l'aliment vivant (Jn 6) et personnel, humano-divin (Jésus, l'homme du Père), de notre vivre-ensemble-en-lui. Elle est Présence, elle est acte, avec toutes les conséquences « sociales » (proprement explosives et révolutionnaires), avec tout l'humanisme intégral qui en découle et dont Mt 25, 40 donne l'indépassable formule : *En vérité, je vous le dis : ce que vous avez fait à l'un de ces plus petits qui sont mes frères, c'est à moi que vous l'avez fait.* Si l'Eucharistie est « provoquée » par notre décision de vivre ensemble (*deux ou trois en mon nom*) et non par notre instinct grégaire, l'on saisit alors l'importance fondamentale de ce que nous mettons en commun, de ce que nous avons en commun, ou plutôt de ce que nous *sommes* en commun, et qui est proprement l'Église. L'Eucharistie n'est pas le bonbon d'une jouissance individuelle (*mon* Jésus à moi tout seul), mais l'inauguration sacramentelle de notre difficile construction commune en corps du Christ, avec ses redoutables exigences et le ferme propos qu'elle réclame, car, même si nous avons toujours l'amour à la bouche et aux cordes de nos guitares, nos assemblées raboutent parfois les uns aux autres des êtres qui, en surface, ne peuvent pas se sentir, dans une proximité où se révèle l'humour du grand Vivant qui nous a invités. L'intimité la plus délicieuse avec Jésus postule la solidarité la plus industrieuse avec ses « frères : en christianisme, il n'y a pas de vie mystique en *a parte*. Et la « messe », quand messe il y a, n'est pas autre chose que la célébration humble, exigeante et festive de tout cela. Je dis bien « célébration » et non « cérémonie », ni « culte » ; la messe n'est pas le culte de l'Être suprême : laissons ce vocabulaire du « culte » aux autorités publiques, qui en usent au demeurant fort respectueusement et auxquelles on ne saurait reprocher, bien sûr, d'entrer dans le vif de la réalité en question.

La chosification récurrente et endémique de l'Eucharistie a deux corollaires. Le premier est le consumérisme sacramentel qui, inconsciemment sans doute, use de l'Eucharistie, non comme du *pain de vie* (Jn 6, 34), non comme du vivant-pain postulant le *vivre*, avec ses vertigineuses conséquences existentielles, mais comme d'un objet de consommation religieuse qui se juxtapose sans scrupules, le cas échéant, à d'autres formes du consumérisme moderne, avec tous les excitants émotionnels qui les accompagnent d'ordinaire. L'on se met alors à réclamer le sacrement comme un droit[1], l'on exige son église comme son

1. On peut revendiquer la messe (« Nous voulons Dieu dans la patrie », comme il se chantait autrefois) : on ne saurait revendiquer l'Eucharistie ; à la pure grâce on ne peut que rendre grâces.

restaurant ou sa station-service, dans une même « grande surface » des besoins et des choses dont l'indifférenciation, affleurant dans certains propos récents, fait sérieusement problème. Pareille mentalité n'est pas sans lien avec la surconsommation sacramentelle à laquelle nous ont habitués, il faut bien le reconnaître, des siècles de chrétienté sociologique et qui, Dieu merci (peut-être !), se voit aujourd'hui de plus en plus compromise par la raréfaction des ministres ordonnés. Cette « surconsommation » est d'ailleurs majoritairement le fait des grandes agglomérations urbaines, pourvues d'un clergé plus nombreux, et qui ne semblent guère se représenter les régions de « disette » eucharistique qui les environnent : comment ne pas considérer comme une injustice à la fois sociale et spirituelle (trop peu relevée comme telle), le fait que les villes aient un accès beaucoup plus facile à l'Eucharistie que les campagnes ? L'on peut s'interroger, en tout cas, sur une certaine prétention, une certaine revendication, quant à l'accès « automatique » à l'Eucharistie. Car l'on ne vient pas à l'Eucharistie automatiquement, machinalement, pour obtenir son quota de satisfactions personnelles et de relations sociales adjacentes. Une plus grande frugalité ne serait-elle pas de mise, que n'imposeraient ni la pénurie grandissante de ministres ni je ne sais quelle recrudescence de sévérité janséniste, mais la nature même de l'Eucharistie ? Ne faudrait-il pas envisager courageusement, pour l'avenir, et jusque dans nos communautés religieuses encore privilégiées, des messes plus espacées dans le temps, des messes qui viendraient consacrer, non pas un azyme insipide d'habitudes et de vies parallèles, mais le pain chaleureux, laborieux et complet de vies résolues à entrer pratiquement en communion profonde, à soutenir l'effort d'un pardon explicite et réciproque, et surtout ce partage fraternel de la parole de Dieu qui, servant d'unique table sainte, fait la dignité d'un peuple d'interprètes ? En d'autres termes, c'est l'épaisseur et la consistance de nos « provisions » eucharistiques qui sont à examiner et à travailler : provisions humaines faites de nos énergies, de nos travaux, de nos épreuves, de nos joies, de nos relations, tout cela pour des eucharisties moins obligées, moins automatiques, moins machinales, qui viendraient tout simplement en leur lieu et en leur temps, et par conséquent plus à même de sustenter, parce que nécessitées par un arriéré de vie plus incarnée, plus ardente, et peut-être plus périlleuse (voir Ac 27, 33-38). Il ne faudrait pas que le désir individuel (sinon individualiste) de *consommer* nous obnubile à tel point que nous en venions à oublier, ici, ce que nous devons *apporter* : la matière première, le petit bois de notre humanité et les poissons de notre pêche commune, à l'issue de la peineuse nuit (Jn 21, 10).

Moins immédiat, peut-être, à se révéler comme tel, mais non moins grave, le second corollaire de la chosification de l'Eucharistie, ou sa seconde conséquence, est le cléricalisme. Car celui-ci se porte évidemment très bien de celle-là. Dans ces conditions, largement entretenues par les séquelles d'une théologie scolastique et tridentine mal comprise, toujours en passe de séduire, le prêtre s'impose comme le « sacrificateur » attitré qui « fabrique », qui « confectionne » l'Eucharistie (*sacra facere*), qui a autorité sur elle – sur Dieu même, pensez ! –, qui l'administre, qui la possède, avec la tentation trop évidente d'en confisquer la possession, avec le prestige personnel qui s'attache à son « pouvoir » (il faudrait évoquer ici la focalisation quasi magique sur les paroles de la consécration, si préjudiciable à l'équilibre de la théologie eucharistique). Prêtre fabriqué comme sacré par les instituts de formation cléricale, se fabriquant lui-même comme sacré dans la représentation qu'il a de lui-même, et fabricant de sacré aux yeux de trop de chrétiens qui en restent à une religion préchrétienne, voire non chrétienne[1]. Tout cela est aussi dangereux que désuet. En réalité, ce n'est pas le prêtre, encore moins le prêtre seul, qui « fait » l'Eucharistie, mais l'Église. Le prêtre n'est pas l'homme exceptionnellement habilité à la « confection » du sacrement, mais le coordinateur

1. J'ai inventorié les attaches historiques, psychologiques et politiques de tout cela dans mon petit livre *Te igitur. Le missel de saint Pie V* (Ad Solem, 2007).

et le serviteur de l'action eucharistique à laquelle toute la communauté chrétienne collabore. Il n'est pas le fournisseur de la dévotion eucharistique, mais l'intermédiaire – l'entremetteur judicieux et délicat – de la rencontre de la communauté avec son Seigneur : il est celui qui porte le souci de la vie eucharistique du Peuple de Dieu dans l'exercice concret de la charité dont l'Eucharistie est le sacrement. Il prend soin, si j'ose dire, du soin que le corps de Jésus-Christ a de lui-même et de tout le monde invité à faire corps en Jésus-Christ. Il est à souhaiter, pour l'avenir, que le prêtre, exonéré d'un fonctionnariat sacramentel dévorant qui réduit et épuise la portée véritable de son ministère, puisse participer ordinairement aux divers travaux séculiers des hommes et, de la sorte, se faire « ouvrier » au sens large et pluriel du terme. Faut-il ajouter que des hommes mariés seraient tout à fait en mesure de satisfaire à une telle reconfiguration du ministère ordonné ? Il est par ailleurs inutile désormais, compte tenu de l'état des lieux, de prétendre désespérément à la possession intégrale d'un territoire pour y imposer, pour y « maintenir » partout la messe. Le modèle territorial de la pastorale agonise et il est grand temps de battre en retraite pour oser et affiner d'autres modes, non de conquête, mais de présence : modes prophétiques, à proportion de leur modestie. Mieux vaut que le prêtre « lâche prise » territoriale pour faire signe, là où il est, à échelle humaine, en ayant à cœur d'éveiller une communauté nécessairement éparse à ses responsabilités baptismales, de faire grandir le Peuple de Dieu en intelligence de la parole de Dieu, tandis qu'il s'abreuve lui-même profondément à cette source. L'on verrait bien, alors, non par effet d'une quelconque défaite, mais par décision positive et réfléchie, des eucharisties plus rares dans l'espace et dans le temps, mais aussi plus sommitales, c'est-à-dire mieux préparées par une longue marche commune (Lc 24, 13) vers ce « sommet » qu'elles représentent ; des eucharisties qui « restaurent » à l'étape (Lc 24, 28-30), au sens plénier du terme, parce qu'elles ne sont plus de simples chèques rituels sans provision d'existence généreuse. Certains s'émerveillent du nombre de messes qui se disent à travers le monde en l'espace d'une minute : imaginons au contraire qu'il ne s'en célèbre qu'une seule où chacun se livrerait sans réserve au dynamisme pascal de Jésus-Christ et s'abîmerait littéralement, non dans des émotions sensibles, mais dans les conséquences logiques, pratiques – vertigineuses – de *Ceci est mon corps / Vous êtes le corps du Christ* : cette unique explosion nucléaire suffirait à transformer le monde. L'Eucharistie, en vérité, si on la laisse faire, si on se laisse faire par elle, personnellement, communautairement, mondialement, c'est de la dynamite : *Christ, puissance* (*dynamis*, en grec) *de Dieu et sagesse de Dieu* (1 Co 1, 24). *Puisse-t-il illuminer les yeux de votre cœur pour vous faire voir [...] quelle extraordinaire grandeur sa puissance revêt pour nous, les croyants, selon la vigueur de sa force qu'il a déployée en la personne du Christ* (Ep. 1, 18-20).

Et c'est ainsi qu'avec la chosification de l'Eucharistie il convient d'évoquer cette espèce d'inflation du rituel qui porte préjudice au spirituel ou s'autorise de fausses spiritualités. Assujettissement du spirituel au rituel, comme si, moyennant la régression religieuse dont j'ai parlé plus haut, le rituel était un absolu et décidait de tout, même de la catholicité de ceux qui participent à la messe ou la célèbrent, avec toutes les excommunications sournoises que cela entraîne. On idolâtre les cérémonies au lieu d'entrer dans le mystère d'amour et de communion fraternelle dont elles ne sont que le seuil. Certes, il ne s'agit pas de mépriser le rituel ni d'en faire superbement l'économie. Le rituel est nécessaire à la célébration de l'Eucharistie, et ce pour trois raisons. Pour une raison anthropologique, d'abord, car l'homme est naturellement créateur de ritualité ; pour une raison sociologique, ensuite, car un minimum de ritualité est indispensable à un bien-vivre-ensemble ; pour une raison esthétique, enfin, parce que la célébration eucharistique, en l'occurrence, appelle spontanément tout l'« offertoire » de la beauté dont l'homme est capable (et Dieu sait les trésors de beauté architecturale, poétique, plastique, musicale dont l'Eucharistie ne cesse d'être le foyer). Reste que nos dispositifs rituels ne confinent pas la Présence, ne conditionnent pas la Présence, n'obligent pas le Vivant à se présenter parmi nous. La messe n'est pas une machine rituelle garantie (et dûment vérifiée) pour « fabriquer » de la Présence réelle ! Nous nous contenterons donc, pour satisfaire à ce que nous sommes, pour mieux nous donner rendez-vous mutuel, pour mieux honorer l'Ami qui vient à notre domicile, d'une ritualité sobre, digne, raisonnable, ni bizarre, ni obsessionnelle, ni maniaque, comme il se voit dans ces hybridations néo-rétro dont maints célébrants prennent couramment l'initiative. *« Marthe, Marthe, tu t'agites […]. Une seule chose est nécessaire »* (Lc 10, 41-42). Et puis, parce que le Vivant est agile et libre, parce que le Bien-Aimé *saute sur les montagnes et bondit sur les collines* (Ct 2, 8), nous serons attentifs à tous les événements « eucharistiques » non ritualisés, non formalisés, inofficiels, de notre vie, à toutes les saillies imprévisibles de la Présence. Car il se passe bel et bien de l'eucharistique dans nos vies, et pas forcément à l'heure ni au lieu de la messe. Il se fait tout à coup de la vie avec les natures mortes de notre vie… Tout ce minerai eucharistique, infiniment précieux, est à discerner après coup, à garder en mémoire, à conduire à l'église quand l'église est ouverte, et à apporter dans l'offertoire secret de nos messes dominicales, afin de ne pas y arriver le cœur vide. La *fraction du pain* (le premier et le plus beau nom de l'Eucharistie, Lc 24, 35 ; Ac 2, 42) dit quelque chose de la « fragilité » de Dieu et de la nôtre, en chemin : elle peut fulgurer tout à coup, entre les mains humaines les plus humbles, les plus rudes, les plus inattendues, tandis qu'elle échappe des mains de ceux qui pensent en être les propriétaires. Au vrai, il se rencontre partout des éclats du Vivant, et nous sommes nous-mêmes ces éclats. *Nul* ne saurait *mettre la main sur lui* (Jn 7, 30), ni individu ni institution. La manne est pure gratuité : elle *pourrit* dès l'instant qu'on la met *en réserve* (Ex 16, 19-21).

Nos églises vont ouvrir à nouveau leurs portes à tous ceux dont nous serons si heureux de revoir le visage et d'entendre la voix au terme de ces longues semaines de séparation. *Fais-moi entendre ta voix, car ta voix est douce et ton visage est beau* (Ct 2, 14), dit le Seigneur à son Peuple, dit la parole de Dieu au Peuple de Dieu. Nos églises vont ouvrir bientôt leurs portes : il est temps d'y faire encore un peu de ménage. De nous mettre au clair, surtout, quant à la conception que nous nous faisons de leur finalité, c'est-à-dire de l'Eucharistie que nous y célébrons. Nos églises vont-elles ouvrir seulement pour un entre-soi confortable, pour des cérémonies où le rituel distrait du spirituel, pour la répétition de fadaises et de boniments infantiles, pour l'appel racoleur et tapageur à des émotions fugitives, pour l'entretien exténué et morose de la consommation religieuse ? Ou bien vont-elles s'ouvrir pour un questionnement et un approfondissement de nos énoncés traditionnels, pour une interprétation savoureuse de la Parole de Dieu loin de toute réduction moralisante, pour une ouverture efficace aux détresses sociales, pour une perméabilité réelle aux inquiétudes, aux doutes, aux débats des hommes et des femmes de ce temps, en un mot pour la révolution eucharistique ? Si le temps de confinement et de suspension du « culte » public nous a permis de prendre la mesure de la distance qui sépare les deux extrêmes de cette alternative, autrement dit du pas que le Seigneur de l'Histoire attend de nous, alors, pour parler comme le bon roi Henri, le bénéfice que nous avons retiré valait bien quelques messes… en moins.

De la mythologie chrétienne à la foi modeste

Sur le fragile support d'un réseau social, que d'aucuns pourraient estimer exorbitant au regard de ma condition, mais dont je suis persuadé au contraire qu'il peut se révéler d'une extraordinaire fécondité calmement subversive, j'ai tenté, durant ces temps d'exception, une aventure qui éprouve désormais le besoin d'un sage répit, mais qui ne va pas moins se poursuivre et qui aperçoit déjà l'ampleur de ses conséquences. À travers l'immense nébuleuse des partages sans lendemain ni substance, et pariant sur l'efficacité de mon jeu sérieusement enfantin, j'ai permis que se réalisât la coagulation d'une galaxie, et de ce qui pourrait n'être qu'un exutoire de balivernes, qu'un universel amusement sans lieu capital ni finalité, j'ai fait et continuerai de faire le vecteur d'un questionnement audacieux et fondamental, le lieu de rendez-vous d'un peuple de baptisés – et de non-baptisés – bien plus théologiens qu'on ne le pense. Le billet que j'entreprends aujourd'hui – le huitième depuis que s'est déclarée la peste – parachèvera l'octave et marquera une espèce de point d'orgue. Il s'y mêlera une note de gravité, plus sensible encore que dans les précédents, et qui lui vient tout à la fois de la charge confidentielle, voire confessionnelle, qui l'anime et de l'importance extrême des matières qu'il aborde.

À Rome, la ville où je suis né, il est une rue qui porte le nom mystérieux de *Via delle Botteghe oscure*, « la rue des Boutiques obscures », sans doute à cause des activités artisanales qui s'y déployaient, dans des échoppes visitées très parcimonieusement par les rayons du soleil. Eh bien, c'est cette rue-là que j'habite depuis quelques années, au sens figuré, c'est dans cette rue-là que je m'enfonce. Dieu merci, j'ai découvert que j'y avais beaucoup de voisins et que d'autres boutiques obscures jouxtaient la mienne. J'en découvre même chaque jour de nouvelles. Alors, le cœur m'en a dit de sortir sur le seuil de ma boutique et d'inviter ceux qui habitent le même quartier. Pour leur partager ma nuit. Pour que nous fassions commerce de notre nuit commune. Pour que nos nuits – nos nuits spirituelles, nos « nuits de la foi » – se disent bonjour. Serait-ce succomber à l'impudeur que d'exhiber des ténèbres si intimes qui risquent d'en effarer certains ? Je ne le crois pas, car en se reconnaissant fraternelles, nos nuits qui se côtoient s'allument mystérieusement les unes aux autres et font une espèce de clarté. Notre grande nuit commune de la foi, toile de fond de ces propos, est un lieu de retrouvailles, et peut-être le plus pressé, le plus honnête, le plus chaleureux de tous. Car c'est notre foi, oui, c'est tout bonnement notre foi qui se voit soumise aujourd'hui à une épreuve d'une radicalité sans seconde. C'est jusqu'aux assises de la foi, avec ses affirmations traditionnelles et son contenu paresseusement répété, que vient retentir en nous le séisme actuel, séisme dont les « abus », si odieux soient-ils, ne sont pas, et loin de là, me semble-t-il, le véritable épicentre. Oui, l'état des lieux qu'il nous incombe de faire n'est pas seulement d'ordre institutionnel, éthique, politique : il est – et j'y tiens, bien que peu aillent fouiller jusqu'à ces profondeurs – d'ordre métaphysique. Décidément, l'épisode historique de la pandémie aura ses prophètes et ses martyrs. Ses martyrs, c'est-à-dire ses témoins qui osent une parole, et peut-être, qui sait, ses victimes, si la parole qu'ils ont osée n'est pas reçue.

Nous autres, qui sommes parvenus à la sixième décade de notre âge – je parlerai ici, qu'on m'en excuse, à ma génération, mais sans oublier les plus jeunes –, nous autres, dis-je, qui sommes parvenus en quelques années à l'âge d'homme, comme si le « phénomène humain » avait accéléré en nous son irrésistible poussée, nous sommes les enfants d'un double désenchantement. Je ne dirai pas grand-chose de celui du monde. Comme les années soixante étaient douces encore dans leur ingénuité, dans leur aisance raisonnable, dans leur enthousiasme presque médiéval ! Depuis ces temps-là, nous avons connu la révolution numérique, il est vrai, mais surtout la désillusion croissante d'un progrès global et irréversible de l'humanité. Si la menace atomique s'est quelque peu estompée du champ de nos obsessions, nous avons assisté, en revanche, à l'explosion du terrorisme international (le sinistre 11 septembre 2001 nous a fait basculer brutalement dans un siècle nouveau dont la science-fiction semblait inspirer le premier acte) et la catastrophe écologique, parvenue au stade d'évidence, s'impose désormais à nous comme une eschatologie séculière dont notre planète usée porte en elle-même l'effrayante promesse. La culture humaniste qui appelait autrefois tout l'élan de notre ferveur et qui faisait le fond de nos études universitaires a cessé d'être une patrie commune pour devenir un isoloir, à tel point qu'écrire une phrase complexe (comme celles dont on faisait jadis à l'école l'analyse logique) passe désormais pour une bizarrerie, sinon pour une insulte. Mais il faut parler aussitôt d'un autre désenchantement, plus sensible encore, parce qu'il touche au continent bien-aimé dont nous espérions qu'il nous consolât des horreurs du monde : je veux parler du désenchantement qui nous vient de l'Église, oui, de l'Église elle-même. Car nous étions nés

– quelle heureuse étoile ! – sous le signe d'un concile sans anathèmes ni prétexte défensif, un concile de pure générosité, animé par un souffle sans exemple dans l'histoire de l'Église. Ce concile, nous l'avons accueilli, nous avons travaillé sur lui, avec lui, pour lui, à tel point qu'il a pu décider des orientations majeures de notre vie, avec les coûteuses ruptures qu'elles exigeaient parfois de nous. Et depuis, qu'avons-nous vu ? Que voyons-nous désormais sur les vestiges d'un édifice dont un nombre toujours croissant de clercs ignorent l'architecture et qu'ils n'honorent même pas de leur visite, parce qu'il n'existe plus à leur yeux ? Après un épisode de vandalisme soixante-huitard qui a saccagé la liturgie, et tandis que se poursuivait, malgré tout, l'inexorable reflux du catholicisme dans le paysage sociétal, nous avons vu les vieux démons de l'institution reprendre insensiblement leurs droits. Nous avons vu l'infléchissement passablement conservateur des mouvements charismatiques, l'assoupissement progressif de l'aventure œcuménique, la substitution de la culture du merveilleux (apparitions et guérisons à tout-va) à l'approfondissement des Écritures (aliment substantiel de la foi), la guerre des missels et la remontée des vieux sédiments maurassiens, les pulsions récurrentes d'une frange protestataire sur les questions d'éducation et d'éthique sexuelle, le travestissement du catholicisme le plus classique sous les trémoussements jeunistes de la pop-louange, la démystification de fondateurs proposés à une admiration sans discernement, un bipapisme larvé qui se trouve des complaisances jusque dans les plus hautes sphères de la hiérarchie et, pour finir, non pas l'ostension de reliques resplendissantes, mais l'ouverture de cloaques masqués par de longues et incompréhensibles compromissions. Avec ceux-là mêmes qui avancent les droits de la tradition, le malentendu est complet, car, indifférents à ses sources vives qu'inventoriaient les grands ténors de la théologie du siècle dernier, ils n'en cultivent que le fantôme et n'en étreignent que la garde-robe.

Mais toute cette écorce décevante de l'Histoire n'est pas grand-chose encore au regard des profondeurs auxquelles le désenchantement plonge en nous désormais ses racines. Car il s'est produit un événement bien plus considérable, bien plus tragique, quelque chose de si énorme et de si douloureux que l'on en parle à voix basse et que bien peu, à vrai dire, se risquent à l'avouer, craignant non seulement de passer pour des transfuges, mais de s'aliéner les relations, les amitiés que leur mutisme (sinon leur mensonge) leur assure. Sous l'effet d'une pression impossible à contenir, venue tout à la fois du dedans et du dehors, implacable comme une réaction chimique, des pans entiers de notre édifice intérieur, de nos représentations familières et de nos certitudes tranquilles se sont effondrés, et nous les voyons, navrés, s'éloigner de nous comme ces morceaux de banquise que mine l'irréversible réchauffement des eaux. Le ciel, « si bleu, si calme, par-dessus le toit », le toit, sur nos têtes, soudain s'effrite comme un stuc. Confronté à la maturation qui s'opère en nous, à la majesté toujours plus évidente de l'Univers et de l'Histoire, à la pluralité légitime et respectable des voies que l'humanité a empruntées pour approcher le mystère qui l'enveloppe et la dépasse, le système solaire, si harmonieux, si ingénu, si rassurant, de nos « célestes vérités » n'apparaît plus que comme la banlieue momentanée d'une incommensurable galaxie. Et nous voilà nus, démunis, grelottant de froid, sous un firmament dont nous ne voyons ni arc-boutant, ni abside, ni clef de voûte, au beau milieu d'une marche forcée dont le *Maximus Poeta* (encore lui) a magnifiquement stylisé le paysage et l'allure : *Ibant obscuri sola sub nocte per umbram*[1], « [Nous] avan[çons], obscurs, sous la nuit solitaire ». Comment n'entendrais-je pas toujours, à plus de quarante ans de distance, et avec le même saisissement, la clameur léonine de Nietzsche, telle que je l'entendis, adolescent, au Théâtre du Quai d'Orsay, lors d'une représentation de *Ainsi parlait Zarathoustra* mis en scène par Jean-Louis Barrault ? « Dieu est mort ! » Et comment ne retiendrais-je pas, dans le sens de la modestie qu'impose cet indiscutable décès, *L'Humilité*

1. Virgile, *Énéide*, VI, 268.

de Dieu du père François Varillon (1975) et l'*Effacement de Dieu* de Gabriel Ringlet (2013) ? Mais alors, je le demande, l'institution à laquelle j'entends toujours appartenir de tout cœur au titre de ma vocation baptismale et monastique peut-elle entendre un tel désarroi, un tel désemparement partagé aujourd'hui par tant de chrétiens, par tant d'hommes et de femmes de bonne volonté, sans me rejeter de son sein, et peut-être m'écraser, au titre de cette possession intégrale, immuable et exclusive de la vérité, dont il n'est pas tout à fait sûr qu'elle ait perdu l'instinct, dont il n'est pas tout à fait sûr que, dans son sein, certains ne caressent pas encore le rêve ? Aujourd'hui, l'institution est-elle en mesure de comprendre, d'accompagner, davantage, de bénir le désarroi – non dépourvu d'un *gai savoir* – de tous ceux qui, en l'espace d'une vie, de quelques années parfois seulement, se découvrent sans rien où reposer leur tête ? Est-elle capable de se convertir en institution de la nuit ? Comme ce titre inédit serait beau, pourtant, sur son portail ! Mais se peut-il qu'il existe jamais une institution de la nuit ?...

Beaucoup de chrétiens (en fait, la proportion doit être énorme, terrifiante) se satisfont d'une mythologie chrétienne, non par ignorance, mais par peur, par paresse, je n'ose dire par intérêt. Beaucoup de chrétiens en restent au stade mythologique, touchant aux origines du monde et de l'homme, touchant aux origines de Jésus, touchant à la résurrection, touchant à ce que l'on appelait jadis les « fins dernières ». Ce disant, je ne voudrais pas que l'on me soupçonnât du moindre mépris pour les simples ni les *tout-petits* auxquels l'Évangile accorde sa préférence (Mt 11, 25) : j'en connais trop, j'en fréquente trop d'admirables dans les murs et hors les murs, et je me défendrai moi-même toujours farouchement d'être un savant ou un « intellectuel », au sens mondain que l'on donne à ces termes. Mais cette simplicité, cette petitesse évangélique, la vraie, avide d'intelligence de la foi, ne s'entretient ni de la peur, ni de la rigidité, ni de je sais quelle inertie spirituelle. Beaucoup de chrétiens, prenant leurs imaginations pour la chair de Dieu, ont confondu et confondent encore le Dieu incarné avec un Dieu anthropomorphique, projection géante des puissants qu'ils ont portés ou désirent porter sur les trônes de ce monde. L'on a fait jadis un Dieu sur le patron de l'empereur romain qui garantissait au christianisme son statut de religion d'État, plus tard on a fait un Dieu sur le modèle du monarque absolu qui se nommait, non sans quelque aplomb, le « Très-Chrétien » : l'on fait aujourd'hui un Dieu qui n'est, somme toute, que le garant suprême d'une vaste sécurité sociale aux prolongements posthumes. Des voix très autorisées ont fait observer que le monde avait cessé d'être chrétien : je ne suis pas certain (et je ne suis pas le seul) qu'il ait seulement commencé de l'être.

La foi a ses charbonniers, du moins ceux qui se proclament comme tels, par peur inavouée de cesser de l'être, ou de ne l'être déjà plus tout à fait. Nous n'entendons pas manquer de respect ni de considération fraternelle à leur égard, mais nous leur demandons de bien vouloir se représenter qu'on puisse ne pas être, ne plus être aujourd'hui charbonnier, et de considérer à leur tour fraternellement la légitimité d'une posture croyante différente de la leur. Abstraction faite de toute catégorisation d'ordre intellectuel ou social (bien trop mondaines pour entrer en ligne de compte en ces matières si délicates), les « vases » qui reçoivent la parole de la foi ne sont pas tous, qu'on le veuille ou non, de la même fabrique : chacun la reçoit selon sa culture humaine et spirituelle, selon sa capacité[1], de sorte que les pots qui s'estiment fièrement de fer ne sauraient bousculer inconsidérément ceux qui, plus inquiets, plus accessibles à la grande énigme de l'existence, se sentent plutôt d'argile. Nous demandons simplement, face à nos frères, la permission, la grâce d'être des hommes qui doutent (il peut se rencontrer tellement d'intolérance chez les installés, les peureux, les faux simples !). Beaucoup vivent dans la somnolence

1. C'est ici qu'il y a lieu de se souvenir de l'adage scolastique : *Omne quod recipitur ad modum recipientis recipitur*, autrement dit : « Tout ce qui est reçu est reçu selon les capacités de celui qui reçoit. »

des certitudes sommaires et confortablement soustraites à toute mise en question : nous, qui sommes entrés dans une agonie où passent notre noblesse d'homme et notre secrète joie, nous leur disons, sur le point de nous lever pour aller à notre destin : « *Désormais, vous pouvez dormir et vous reposer : voici toute proche l'heure [...]* » (Mt 26, 45). Nous composons gentiment, poliment, cordialement, avec l'usage et le paysage officiels : comme Pierre et Jésus nous nous acquittons du didrachme (Mt 17, 24-27), comme Paul nous satisfaisons aux rituels de purification (Ac 21, 23-26), mais, en notre for interne, nous sommes rendus plus loin, de plus en plus loin, presque à l'étranger. Nos paroles, notre lucidité, notre énergie dérangent les forces d'inerties (les plus totalitaires qui soient au monde) : mais quoi ! faut-il nous excuser d'être des vivants ? Car il nous incombe à nous, les vivants, de préserver aujourd'hui la foi – la foi nocturne et nue – non des hérésies, mais d'une triple réduction : de sa réduction à un discours mythologique, si rassurant soit-il ; de sa réduction à un discours moralisateur, si édifiant soit-il ; de sa réduction à un discours humanitaire, si généreux soit-il. Les trois péchés mignons, en somme, du discours ecclésiastique. À la phraséologie intempérante de l'« amour », ressassée partout *ad nauseam* sur les lèvres ecclésiastiques et servant de cache-misère à une lamentable jachère intellectuelle, nous préférerons des arêtes plus vives, des inquiétudes plus fécondes et des aridités plus ardentes. Attendu que la foi véritable met à vif et à vide, le service ecclésial de la parole devrait consister à désigner, à attiser notre béance existentielle plutôt qu'à la combler avec un décor, voire des bibelots, qui humilient son inaliénable grandeur.

L'épreuve du désenchantement, donc, nous a ôté un premier ciel où se mêlait trop de notre artifice. Elle a aussi dérobé le sol sous nos pas, de sorte que, avec ce qui nous reste, il va nous falloir retrouver un nouvel équilibre. Non pas reconstituer un système de fortune, mais embrasser, enfin, une complète précarité. Paradoxe : il va nous falloir, hors sol, sans sol sous nos pas, devenir et demeurer solides. Nous n'avons pas de propriété foncière : comme se l'était entendu dire le premier homme – le premier marcheur – de l'Histoire, la terre est foncièrement promesse : « *Va vers le pays que je te montrerai* » (Gn 12, 1). Notre condition métaphysique se découvre donc comme une *fondamentale* pauvreté. Et comme le désenchantement nous a dépaysés d'un ciel et d'une terre trop faciles, il nous a aussi, par définition, soustrait un chant trop étourdi. Et comme il va nous falloir trouver un autre équilibre dans le vertige, il va nous falloir, non pas retrouver un chant identique, mais trouver pour de bon le *chant nouveau*. Car le chant nouveau ne monte peut-être que sur les ruines laissées par le désenchantement : j'ai toujours été frappé par le fait que, dans l'ordre canonique de notre Bible, le

Cantique des cantiques succédait immédiatement à l'Ecclésiaste, le livre du chant printanier à la litanie du désenchantement qui devait trouver lui aussi sa place (comme l'Écriture est bien faite !) parmi les Livres inspirés, parmi les âges inspirés de notre vie. Dépouillés de toute possession, de toute position mondaine, il ne nous reste plus qu'à vivre, pour parler comme Patrice de La Tour du Pin, « reclus en Poésie ». Il ne nous reste plus qu'à vivre *poétiquement* au monde, ce qui n'a rien à voir avec la mièvrerie, ni l'utopie, ni la désertion. Vivre *poétiquement* au monde, c'est-à-dire consentir à des épousailles avec le réel, dans l'attention, la gratitude, la frugalité, la véhémence, la liberté, en posant des mots et des actes qui laissent transpirer l'indicible, en *venant* constamment *dans l'Ouvert*, selon le conseil amical de Hölderlin[1]. La Poésie nous demeure comme la souveraine exactitude (la seule, sans doute, dont nous soyons capables), l'être *poétiquement* au monde comme l'être au monde le plus exact, le plus modeste et le plus empreint de gravité. La célébration poétique du monde et du mystère qui le sature[2] est inaccessible

1. Hölderlin, *Élégies, La Promenade à la campagne*.

2. Je dis bien le mystère qui sature *ce monde-ci*. Car, à proprement parler, il n'y a pas d'arrière-monde (explicatif de ce monde-ci). Ce monde-ci est bien assez grand. Il est bien assez grand pour être un monde, à lui tout seul. Ce monde-ci suffit à cette espèce de dévotion humble et silencieuse qu'est déjà notre simple *être-au-monde* : car n'est-ce

à l'erreur, à l'outrecuidance et à la caducité : loin d'incarcérer le mystère, comme le fait trop souvent le langage à prétention explicative, elle l'instaure et l'émancipe.

Mais qu'allons-nous faire, dans ces conditions, du grand récit chrétien (Ancien et Nouveau Testaments) qui a bercé notre enfance, qui a façonné notre civilisation la plus intime, et que ne cesse de nous raconter en basse continue, de saison en saison, de jour en jour, cette « sainte liturgie » que nous devrions envisager et travailler désormais, non comme un supermarché cultuel (avec toutes les vulgarités concomitantes), mais comme une extraordinaire *poétique* de la foi, sous diverses formes symphoniques de langage ? Ce grand récit, donc, il nous faut le détacher, non de la tradition spirituelle authentique qui lui fait un inestimable écrin, mais des discours ecclésiastiques qui nous le rendent inaudible, inaccessible, comme ferait un

---

pas déjà une « religion », et une religion suffisante, que de recevoir *ce* monde, de l'habiter et de le construire ? *« Qui me voit, voit le Père »*, dit Jésus (Jn 14, 9). Mais le Père n'est pas un arrière-monde. Il est le Père, *« et cela nous suffit »* (Jn 14, 8). Il est un Autre. Il est temps d'en finir avec le Dieu des causes, de liquider la compromission du Dieu de Jésus-Christ avec le Dieu des causes. Dieu n'est pas en cause et, Dieu merci, par conséquent, l'on ne peut l'accuser de rien, surtout pas du mal qui est au monde. Le Dieu des causes est bel et bien mort : le seul Dieu véritable est le Dieu de la vie, car la vie seule, comme phénomène, est irréfutable et digne d'« adoration ».

brouillage, car ce qui se prétend médiation n'est trop souvent qu'obstacle et repoussoir. Oui, il faut laver le Livre à la potasse, ou plutôt nous laver nous-mêmes de tout ce bavardage impertinent, nous défaire de tous les plis, de tous les prismes ecclésiastiques qui faussent dès le principe notre lecture, afin de rencontrer, pour la première fois peut-être, l'inouï de la Parole. Et puis que va-t-il advenir de l'édifice dogmatique dont nous avons pressenti, non sans effroi, la vétusté, et dont les décombres nous embarrassent ? Si nous ne voulons pas qu'on les visite, à l'avenir, comme de simples ruines, il va falloir que nous considérions les « dogmes » (ce nom nous fait trembler encore lorsque nous y touchons) non comme des boîtes contraignantes de la vérité catholique, mais plutôt, eu égard à l'obsolescence de bien des concepts qu'ils ont mis à contribution, comme des porches ouvrant sur des *puits profonds* (Jn 4, 11), des *pâturages* plantureux (Jn 10, 9), des espaces théologiques à inventorier sans cesse à nouveaux frais. Les articles du *Credo* ne sont pas, si j'ose dire, des morceaux de Dieu intouchables sous peine de mort, mais des propositions[1] spacieuses, désignant vaille que vaille, à travers des termes humains nécessairement provisoires, des réalités d'ordre

1. « Propositions » au double sens d'énoncés et d'éléments de sens et de vie *mis à la disponibilité* de tous, de tout le monde.

eschatologique : non pas derrière nous comme acquises, définies, possédées, mais devant nous comme motrices, attractives et infinies[1]. « Je crois en Dieu », en somme, mais le *Credo* n'est pas Dieu.

De tout cela, nous pouvons tirer les conséquences relatives à la structure, non pas hiérarchique, mais *ministérielle* de l'Église, puisque aussi bien, si elle se réclame de l'Évangile (Lc 22, 24-27 ; Jn 13, 4-15), l'Église ne peut avoir de structure que *ministérielle*. Cette structure authentiquement ministérielle, dont on aspire à ce qu'elle se substitue enfin au modèle suscité par la « fabrique du sacré » dont j'ai parlé dans ma dernière lettre, émanera presque naturellement d'une prise en considération réaliste

1. Simone Weil écrivait au père Couturier, en 1942 (*Lettre à un religieux*) : « Si on demande à plusieurs prêtres si telle chose est de foi stricte, on obtient des réponses différentes et souvent dubitatives. Cela fait une situation impossible, alors que l'édifice est tellement rigide [...]. La croyance qu'un homme peut être sauvé hors de l'Église visible exige que l'on pense à nouveau tous les éléments de la foi, sous peine d'incohérence complète. Car tout l'édifice est construit autour de l'affirmation contraire, que presque personne aujourd'hui n'oserait soutenir. On n'a pas encore voulu reconnaître la nécessité de cette révision. On s'en tire par des artifices misérables. On masque les dislocations avec des ersatz de soudures, des fautes de logique criantes. Si l'Église ne reconnaît pas bientôt cette nécessité, il est à craindre qu'elle ne puisse pas accomplir sa mission [...]. Les dogmes de la foi ne sont pas des choses à affirmer. Ce sont des choses à regarder à une certaine distance, avec attention, respect et amour. »

de la configuration actuelle du peuple chrétien, d'une écoute « virginale » de la parole et de la nécessité d'une retraduction intégrale de ce qui *arrive* au monde avec Jésus-Christ, de ce qui est *donné, proposé* au monde, en Jésus-Christ. Aussi, plutôt que d'un magistère de l'Église (rendu tellement problématique par la révélation, non de Dieu, mais des égouts et des mauvais lieux de l'institution), on parlera d'un ministère de l'Église, c'est-à-dire d'un service de la *proposition chrétienne* faite au monde. Autant de choses que le pape François a profondément comprises et qu'il met courageusement en œuvre.

Il leur dit : « Quels sont donc ces propos que vous échangiez en marchant ? » Et ils s'arrêtèrent, le visage sombre. [...] « Nous espérions, nous, que c'était lui qui allait délivrer Israël... » (Lc 24, 17-21). N'est-ce pas un désenchantement qui s'exprime sur les lèvres des deux pèlerins d'Emmaüs ? Eh bien, ce qui survit – Celui qui survit au désenchantement, à notre désenchantement, c'est le Ressuscité[1], *chef*

1. Le Ressuscité, c'est-à-dire non le sujet d'une réanimation corporelle, évidemment inadmissible, mais Jésus, *fait Seigneur et Christ* (Ac 2, 36) dans l'événement pascal ; Jésus, qui, comme *grain tombé en terre*, n'est plus *seul* (Jn 12, 24), mais dont nous sommes les « relevailles » ; Jésus, dont la *vitalité* de la proposition chrétienne faite au monde garantit la *présence* ; Jésus, l'avoué d'une Tendresse infinie, première, qu'il appelle « le Père » et « notre Père » (Jn 20, 17).

de notre foi, qui la mène à la perfection (He 12, 2). Non pas le « dogme » de la résurrection dont on revendiquerait la propriété, mais le Ressuscité, le Vivant lui-même. Car seul le Vivant peut survivre à ce qui est mort. Et non seulement à ce qui est mort, mais aux vivants eux-mêmes, parce qu'il est le Sur-vivant. Le Vivant vit dans son Église comme mystère, il survit à son Église comme institution. Le Ressuscité ne se rencontre pas de manière abstraite ni idéologique, mais sous le régime de l'amitié, à travers une amitié qu'il instaure lui-même – *Je ne vous appelle plus serviteurs, mais amis* (Jn 15, 15) – et qui nous fait mystérieusement rejoindre son humanité concrète, individuelle, historique, *assumée dans la gloire* (1 Tm 3, 16) du Père. D'autant plus ombrageuses qu'elles sont plus persuadées de leur inaltérabilité, pourtant démentie par les intempéries de l'Histoire et la marche de l'esprit humain, les forteresses dogmatiques sont pour les *esclaves qui ont peur* (Rm 8, 15), peur d'eux-mêmes comme de ceux du dehors. Le Vivant, lui, imprévisible et insaisissable, ne se manifeste qu'aux *amis*. Le « Compagnon blanc », pour revenir à lui, n'est accessible qu'aux *amis*, le « blanc » pouvant d'ailleurs être rempli de façon passagère et discrète par tel ou tel compagnon humain qui, sans prendre sa place, devient, le temps d'une étape partagée, « sacrement » de sa Présence. Car s'il se révèle dans l'amitié, le Ressuscité se révèle aussi dans la marche : de tout ce qui s'installe il s'absente, et comme le chant accompagnait la marche, il cesse sitôt que l'on s'arrête de marcher. Avec la marche et l'amitié la conversation fait bon ménage, et c'est au milieu d'elle, aussi, que le Ressuscité se produit. Une conversation dont il est lui-même la matière avant que d'en être l'interlocuteur et le protagoniste : *« Quels sont donc ces propos que vous échangiez en marchant ? »*... Revenons un instant sur nos pas : *« Notre cœur n'était-il pas tout brûlant au-dedans de nous [...] ? »* (Lc 24, 32). N'est-ce pas la présence du Ressuscité dont nous avons fait l'expérience au milieu de la conversation presque infinie à laquelle ces « lettres », exactement contemporaines du temps pascal, ont donné et vont continuer de donner matière ? Ces « lettres » dont la trouvaille *poétique*, c'est-à-dire active, m'a été tout simplement donnée, sans que je l'eusse prévu le moins du monde.

Mais, remarquons-le bien – et il faut nous le redire, et il faut nous y faire, contre les tentations de la mythologie –, le Ressuscité ne supprime pas la nuit. Le souper d'Emmaüs, dans la pénombre, sera suivi d'une nuit complète, et de bien d'autres nuits encore. La nuit a seulement changé de signe : O *vere beata Nox*, « Ô Nuit vraiment bienheureuse ! », comme il se chante à l'orée de la Vigile pascale. Non, heureusement, le Ressuscité n'annule pas la nuit, pas plus qu'il ne nous en dispense ; il l'habite, il la partage avec nous, alors même qu'elle se charge des plus épaisses ténèbres.

« Mon Dieu, mon Dieu, pourquoi m'as-tu abandonné ? » (Mt 27, 46). Cette nuit, notre grande nuit commune, contemporaine, l'Ami l'ajoure de sa présence et de son absence, celle-ci et celle-là demeurant mystérieusement simultanées. *Leurs yeux s'ouvrirent et ils le reconnurent, mais il avait disparu à leurs regards* (Lc 24, 31). *Il se fait tard et déjà le jour baisse,* avait-il été dit un peu auparavant : le crépuscule a aujourd'hui ses chantres et ses pleureurs mélancoliques, je le sais, mais pleurer sur le crépuscule ne suffit pas, surtout lorsqu'il se mêle beaucoup d'idoles et de dieux désuets à ce que l'on regrette : il faut affronter, il faut *passer* la nuit. Il faut y travailler aussi – *per totam noctem laborantes* (Lc 5, 5) – même *sans rien prendre.*

Je dédie particulièrement ce texte, quasi testamentaire (dans le sens de la vie), non à des « gnostiques », non à une élite, mais à tous mes frères et sœurs en Église, en marge de l'Église ou en dehors d'elle ; à tous mes « coreligionnaires » : ceux qui se sont déjà manifestés, et ceux qui vont se déclarer encore à l'avenir. *La sagesse* aurait-elle été *reconnue par ses enfants* (Lc 7, 35) ? En lançant ce texte et ceux qui l'ont précédé, comme de fragiles et audacieux esquifs, sur un océan d'humanité que je devine, je ne quête ni admiration, ni célébrité, ni cet engouement qui s'attache aux pas des prédicateurs complaisants : les régions du cœur que j'espère atteindre ont trop de délicatesse, celles de la foi trop de gravité. Seule une nécessité intérieure m'a poussé à écrire en ces temps décisifs, et je ne désire faire œuvre de rien sinon d'*honnêteté*, habité que je suis par la certitude qu'il n'est de possibilité, désormais, que pour une foi *modeste*. D'aucuns, entendant parler d'une « compagnie » du « Compagnon blanc », et peu coutumiers, sans doute, des espaces où se meut le langage poétique, se sont inquiétés de ce j'eusse le dessein de fonder quelque phalanstère ou quelque secte. Qu'ils se rassurent : pressé de m'effacer, mais non pas indifférent aux suites de mes semailles, je les renvoie au seul « Compagnon blanc » et à sa seule compagnie qui est l'Église comme mystère ; mystère dans lequel nous tâchons de rentrer avec notre humanité, notre bonhomie, notre hommerie aussi parfois, en un mot, comme institution. La liberté de parole dont j'ai usé (parole non magistrale, mais latérale, comme il en est parfois besoin)[1] ne s'alarme pas des inévitables délations que la peur suscite : je n'ai nulle place à gagner, et je n'en ai pas davantage à perdre.

En écoutant, les larmes aux yeux comme toujours, le *Credo* de l'immense *Messe en si mineur* de Jean-Sébastien Bach, je balbutie : *Et in Spiritum Sanctum*. « Je crois au Saint-Esprit. » Non pas à un

1. Il ne s'agit pas d'exiger quoi que ce soit de l'Église, mais plutôt, du dedans même de l'Église, de travailler à sa beauté, à sa vie, à sa jeunesse : l'on ne transforme bien que ce que l'on aime.

troisième « marmouset » assis sur un trône, comme notre Calvin se plaisait à moquer les représentations rudimentaires de la Sainte Trinité, non pas à un « Invertébré gazeux », comme parlait le regretté père André Manaranche, victime du Covid, mais à la respiration filiale de l'homme Jésus vers le Père, mise à la disposition de nos propres poitrines (Rm 8, 15-17 ; Ga 4, 6), mais à son dernier souffle à nous laissé (Mt 27, 50 ; Jn 20, 22) comme semence dans *ce* monde. *Reple cordis intima*[1]… Oh, comme j'aimerais pour moi-même, pour nous tous, une Pentecôte qui ne fût ni d'excitation charismatique (qu'on me pardonne…) ni de triomphalisme ringard (qu'on me pardonne encore…) ! Une Pentecôte intime, recueillie, modeste, à l'aune d'une foi modeste. Aussi est-ce dans le recueillement d'un clair-obscur avoué et partagé que, perpétuel novice de la foi, j'articule cette prière : *Emitte lucis tuae radium*. « Envoie un rayon » dans ma boutique obscure pour que, de l'étoffe même de mes nuits, je confectionne de la clarté, pour qu'en prenant sur mes nuits je fasse à l'usage de mes frères un peu du jour à venir.

---

1. « Remplis l'intime du cœur de tes fidèles… » (séquence *Veni Sancte Spiritus* de la messe de la Pentecôte).

Propos d'altitude sur l'actualité

Lieu émouvant et fort bien choisi que la place de la Sorbonne ! Lieu symbolique de longue mémoire. Lieu de jeunesse studieuse et turbulente, d'émulation intellectuelle, d'effervescence séculaire de l'esprit. Lieu récurrent d'insolence et de contestation, lieu de rencontres historiques avec ses librairies savantes et ses cafés frondeurs. Qui eût dit que ce lieu deviendrait un jour celui d'un hommage funèbre, comme l'est depuis longtemps la cour des Invalides ? Car ce lieu de mémoire ancienne vient de devenir un rendez-vous de vibrante communion. Notre émotion demeure vive au lendemain de la mort atroce de Samuel Paty et nous continuerons longtemps d'entourer de notre affection, de notre admiration ce « héros » d'une nouvelle espèce, tel que notre temps singulier en produit, frère de tant d'autres héros anonymes de l'enseignement public qui, sans tomber nécessairement sous les coups d'une ignoble barbarie, remplissent consciencieusement, intelligemment et amoureusement leur devoir d'État. Car ils doivent composer bien souvent avec des classes inclassables, eu égard à l'allergie à toute discipline et à l'hétérogénéité culturelle de celles-ci, avec la fragilité de la société qui grève considérablement leur charge pédagogique. Si seulement nous pouvions faire davantage attention, à l'avenir, à ces héros obscurs qui assument souvent, jusque dans l'indifférence environnante et la vulnérabilité physique, le rôle capital que leur laissent le vide des relations parentales et la tyrannie des smartphones ! Place de la Sorbonne : aujourd'hui place des martyrs de la liberté de pensée, indispensable composante de tout éveil des jeunes esprits à leur maturité d'hommes et de citoyens.

Cela dit en sincère et profonde fraternité, la liberté de pensée trouve encore à s'exercer sur la liberté de pensée elle-même, sur ses emblèmes, ses modalités et ses formulations. Oui, la liberté de pensée va jusqu'à celle de penser la liberté de penser et d'exprimer, dans une visée à la fois critique et constructive, ce que l'on en pense. Comme toujours, en effet, l'actualité, après avoir suscité un mouvement unanime d'émotion, demande que l'on prenne par rapport à elle quelque distance, quelque altitude, non de morgue, mais de réflexion. Il s'agit d'ailleurs bien moins de prendre de l'altitude (comme si cette altitude était une propriété privée ou une situation naturellement possédée) que de *recevoir* cette altitude comme une grâce et de la mettre au service de tous et de la convertir en énergie motrice. L'altitude géographique elle-même n'est pas inutile, au demeurant, si l'on se trouve en jouir, à pareille orientation positive de l'esprit…

Au-delà des émotions bien compréhensibles, des discours officiels et de l'orchestration médiatique des faits, quelque chose de fondamental et de décisif est en jeu. Quelque chose de trop délicat, de trop subtil, de trop étranger, sans doute, pour que l'interprétation « orthodoxe » des événements, distillée par la voix publique, parvienne à le prendre en considération, à s'en faire seulement quelque idée. Il faudrait tout de même approfondir, en effet, d'un point de vue philosophique, anthropologique et sociologique, le statut de la caricature. Depuis quelques années la caricature est de bon ton, elle a pignon sur rue, elle fait partie des droits incontestables, elle est le marqueur indiscutable d'une culture très assurée d'elle-même. Or, je pose, j'ose poser la question suivante : si la liberté de penser fait justement notre fierté de Français, la caricature peut-elle représenter de façon satisfaisante le palladium de notre culture et de notre identité nationales ? La caricature peut-elle se poser en culture ? Loin de s'être fait le promoteur de cette culture-là (il avait trop de finesse pédagogique et de délicatesse humaine), Samuel Paty vient précisément d'en être la victime. La culture de la caricature à tout-va (qui a fait d'autres victimes, hélas, jusque dans ses officines elles-mêmes) ne risque-t-elle pas de s'arroger une légalité, une normalité, une autorité qui défigurent insensiblement les principes et la noblesse d'une république véritable ? La caricature peut-elle être notre symbole culturel dans le monde et face au monde ? Le souverainisme de la caricature est-il le *nec plus ultra* de notre rayonnement universel ?

Désireux de partager fraternellement l'altitude comme un bien commun (en est-il d'autre, finalement, que celui-là ?), je hasarde d'autres questions non conventionnelles et peut-être incongrues aux yeux de certains. Des questions non pas unilatérales, mais connexes, en tâchant d'être vraiment universel comme peut désirer l'être un homme de bonne volonté. Des questions qui devraient résonner désormais en nous toutes ensembles pour que nous parvenions à faire corps social, à faire tout simplement corps d'humanité. Le crayon du peintre ou de l'écrivain est-il toujours sans conséquence ? Face aux religions et à leurs déviances caricaturales, la caricature peut-elle s'ériger en religion d'État ? Mais aussi, n'étant pas un fanatique, je regarde du côté des religions et je pose à leur sujet les questions suivantes : une religion, si elle est vraiment religieuse, autrement dit vraiment humaine, ne doit-elle pas dépasser le stade de la susceptibilité vengeresse aux caricatures éventuelles ? Une religion qui n'aurait pas d'humour s'acclimaterait-elle pleinement dans la pâte humaine ? Une religion qui ne saurait pas rire d'elle-même, quelquefois, pourvu que ce soit avec finesse, serait-elle en bonne santé ? Un Dieu qui n'aurait pas d'humour serait-il crédible ? Si la caricature blesse, ne pourrions-nous pas dialoguer, entre nations, entre religions, entre hommes de bonne volonté, dans un certain humour fondamental ? Dans un grand rire. Ce grand rire, ce fin sourire éternel que manquent autant les irrévérencieux que les fondamentalistes. Cet obscur sourire, à l'horizon, que cherchent tous les hommes et qui postule entre nous un sourire jamais amer, mais toujours bienveillant.

Sous ses réactions émotionnelles nécessaires, légitimes et touchantes, sous les expressions nerveuses et dogmatiques d'une laïcité farouchement sur la défensive, notre société cache mal son désarroi, ses lacunes et son impuissance. Nous affichons volontiers les « Lumières » comme notre héritage incontestable et notre lieu de naissance (j'oserais dire notre cuve baptismale), mais ces Lumières sont insuffisantes et ne parviennent plus à éclairer la situation complexe qui est aujourd'hui la nôtre. L'enseignement des principes républicains est assurément une tâche indispensable pour notre « vivre-ensemble ». Mais il nous faut embrasser, en gagnant de l'altitude, des horizons plus vastes. À quoi sert, en effet, ce « vivre-ensemble » s'il n'est que la mise en commun (au demeurant terriblement inégalitaire) de biens de consommation immédiate et la proposition quasi totalitaire d'un modèle standardisé de bien-être ? Loin de tout césaropapisme, de toute confusion des ordres et de toute inféodation religieuse, la plus haute et la plus urgente mission de la société civile reste d'assurer à ses sujets libres, égaux et fraternels la capacité de s'ouvrir sur la dimension métaphysique et spirituelle de l'existence humaine, la capacité de répondre à un immense appel d'air, la capacité de vivre à hauteur d'homme en se posant les grandes questions existentielles, dussent-elles rester sans réponses immédiates et faciles. Il faut avouer que de cela, de ces profondeurs et de ces altitudes-là, qu'il s'agisse du terrorisme international ou de la crise sanitaire, l'on n'entend guère parler… Si la République ne favorise pas l'éclosion d'individus susceptibles d'interrogation métaphysique et de sensibilité au mystère de l'existence, elle n'est qu'un supermarché ou une nurserie. La proclamation officielle et théorique de la liberté religieuse ne suffit pas : il faut encore le respect et la culture du respect, l'estime pour l'orientation innée de l'homme vers une transcendance, celle-ci fût-elle immanente à ce monde. C'est de cette estime que nous pouvons remarquer et déplorer l'absence généralisée.

Quelles conditions de vie humaine, sociale et *spirituelle* offrons-nous à la jeunesse et aux populations mal intégrées pour qu'elles ne nourrissent pas des meurtriers dans leur sein ? Là est la question ultime, et jamais énoncée comme telle, que nous pose l'actualité. Lors même que nous ferions notre deuil de toutes les religions traditionnelles, notre religion post-moderne de l'absence de religion doit encore garder toute sa dignité humaine, toute sa gravité humaine, toute sa hauteur d'homme. Les caricatures ne sauraient tromper la faim la plus profonde ni se faire passer pour un idéal de civilisation éclairée. Il n'y a d'ailleurs pas à chercher bien loin dans notre tradition française la plus authentique – la plus républicaine – pour trouver des agnostiques, des athées, des saints laïcs qui nous donnent de magnifiques exemples d'altitude. Non, décidément, il ne faudrait pas que les caricatures et le droit au blasphème soient les seules valeurs exemplaires, les seuls articles appétissants de notre République. À l'heure où toutes les religions ont à balayer devant leur porte et où nous devons tous nous dresser à hauteur d'homme pour franchir un pas sans précédent de civilisation, ne faisons pas piètre figure, ne réduisons pas la vulgate de notre patrimoine culturel à l'irrévérence. La caricature est circonstancielle : elle ne saurait s'ériger en icône. Œuvrons ensemble à la disparition du fondamentalisme, à la purification du religieux, à la dilatation et à l'épanouissement spirituel de l'homme qui se peut atteindre par des voies différentes et respectueuses les unes des autres.

S'il est quelque religion en laquelle nous puissions tous nous retrouver, que ce soit au moins – et ce n'est pas rien – celle de l'altitude, c'est-à-dire celle du respect envers cette altitude de laquelle tout homme est capable et à laquelle il aspire.

« Et Dieu essuiera toute larme de leurs yeux »

Après Nice

Souviens-toi, Seigneur, de ce qui nous est arrivé,
regarde et vois notre opprobre.

La joie a disparu de notre cœur,
notre danse s'est changée en deuil.
La couronne est tombée de notre tête,
voilà pourquoi notre cœur est malade,
voilà pourquoi s'obscurcissent nos yeux.

(Lam 5, 1 ; 5, 15-17)

Le peuple qui marchait dans les ténèbres a vu une grande lumière, sur les habitants du pays de l'ombre une lumière a resplendi.

(Isaïe 9, 1)

Quand cela commencera d'arriver, redressez-vous et relevez la tête.

(Luc 21, 28)

Après plusieurs jours de boucaille et d'obscurité qui soustrayaient les cimes au regard, le soleil s'est levé ce matin dans une atmosphère transparente qui rend étonnamment palpable le moindre détail des reliefs. Quelques jeunes névés somnolent, logés dans les replis de la montagne : ils succomberont à la tiédeur du jour. Il demeure encore çà et là, dans la vallée, des oriflammes d'automne, épargnées par de récentes tempêtes. L'on prête attention au silence inhabituel, même si, dans ces parages, peu de bruits viennent le troubler, et la générosité du soleil paraît ironique, puisque nulle randonnée n'est désormais possible. Ce matin, en balayant l'étable, j'ai laissé aller le fil de mes pensées et, me souvenant de nos « conversations » tout à fait inédites du printemps dernier, j'ai ressenti, chers amis, la nécessité de poursuivre dans le même esprit. Cette lettre prend, compte tenu des événements que nous traversons, l'allure d'une nouvelle « Lettre aux amis confinés ». Celle que vous attendiez peut-être et dont j'espère qu'elle vous tiendra fructueusement compagnie. La montagne, en effet, n'est ni indifférente ni étrangère à la plaine. L'altitude ne vit pas pour soi, indépendante et superbe : dans une étroite solidarité physique et géographique avec ce qui l'entoure, elle n'a d'autre raison d'être que de désaltérer. Loin de moi la prétention d'être une montagne ! Mais j'aimerais seulement vous partager, en ces jours de désolation, un peu de cette eau vive, un peu de cette lumière et de cette paix que la montagne sécrète pour la plaine. Cette montagne au pied de laquelle je me trouve moi-même comme un pèlerin, comme un pauvre et comme un client. Loin que je possède cette eau vive, cette lumière et cette paix, je les cherche avec vous, autant que vous. Au pied de la montagne.

La nouvelle de l'attentat de Nice a achevé de nous plonger, hier, dans l'abattement. La croissance exponentielle de la pandémie et l'entrée dans un nouveau confinement nous composaient déjà un tableau très sombre, mais voilà que l'irruption répétée d'autres forces aveugles vient alourdir encore le fardeau de nos terreurs et de nos inquiétudes. Car il est important, pour commencer, que nous puissions faire un état des lieux, je veux dire mettre des mots, oser mettre des mots, sur l'état d'âme qui est le nôtre depuis des mois, voire des années. Désigner l'anxiété et la détresse, les exhaler avec des mots personnels ou des mots empruntés à de grandes sources, est déjà une manière de les exorciser et de les dépasser. C'est sans doute tout le sens, toute la fonction des Lamentations dans les Saintes Écritures, rangées à la suite immédiate du Livre de Jérémie dans la Bible chrétienne et parmi les cinq *Megillôt* (Rouleaux) dans la Bible hébraïque. Dire notre détresse, mieux encore, si possible, la chanter, fait profondément partie de notre nature, de notre histoire humaine. Ce n'est pas une faiblesse : c'est une noblesse. Ce n'est pas une infirmité : c'est une nécessité. C'est aussi, déjà, si modeste soit-il, un lieu de fraternité humaine véritable. Nous faisons corps, déjà, dans l'expression partagée de nos infortunes de toutes sortes. Nous nous tenons chaud, si j'ose dire, dans la confidence mutuelle du froid qui nous gagne devant la dureté des temps.

Oui, c'est vrai, avouons-le (ne jouons pas aux invulnérables), depuis des mois, des années, *la couronne est tombée de notre tête* et *la joie a disparu de notre cœur*. En dépit de tous les divertissements que nous pouvons nous donner à nous-mêmes et de tous les amusements que la société nous propose, une certaine joie de vivre a été atteinte en nous, un certain chant insouciant et léger ne peut plus sourdre de nos profondeurs. Nos projets sont renversés, nos horizons se voilent dans l'hypothétique et l'inconnu, notre vouloir-vivre fléchit et s'émousse, une très insidieuse tristesse envahit le sous-sol de notre être comme un gaz délétère. *Conticuit dulcedo citharae*, comme dit la Vulgate d'Isaïe 24, 9 dans une très belle assonance : « La douceur de la cithare au fond de nous s'est tue. » Il y a là un état de notre âme, un moment de notre histoire collective à désigner, à porter, à vivre comme tel, loin de tous les mensonges, de toutes les excitations artificielles, de toutes les festivités superficielles qui voudraient nous donner le change. Nous vivons présentement en sourdine, à l'étouffée, en mode mineur. Nous sommes présentement minorés. Timorés. Osons le dire. Osons le dire publiquement. Osons nous le dire les uns aux autres, sans rien éluder de la gravité de ce qui nous atteint comme individus, comme êtres-de-ce-monde, comme êtres-dans-ce-monde. Car ce monde qui est le nôtre est inéluctable. Car le monde, avec sa tragique et magnifique aventure, est inéluctable. Il n'existe pour personne un hors-monde dans lequel il pourrait s'évader. C'est dans ce monde même, à partir de ce monde même, tel qu'il est présentement, que se trouve l'enjeu de ce que l'on appelle volontiers aujourd'hui notre « résilience », de ce que d'autres préféreront appeler notre « résurrection ».

Il s'entend naturellement, ces temps-ci, dans les médias et sur les réseaux sociaux, beaucoup de réactions, beaucoup de commentaires, beaucoup de critiques, beaucoup de bruit. N'étant de mon état ni politologue, ni politicien, ni épidémiologue, ni infectiologue, ni économiste, ni expert de ceci ou de cela, je voudrais simplement me situer au-delà, en marge, en attestant d'une distanciation pacifique et constructive, en proposant une prise de distance respiratoire, à l'intérieur même de ce monde que j'écoute, que j'interroge, que je « pâtis » moi-même fraternellement avec tous. L'on accuse, l'on s'insurge, l'on tempête, l'on réécrit l'Histoire telle que l'on pense qu'elle aurait dû être. L'on cause sans fin à l'irréel du présent et du passé sur ce qu'il aurait fallu faire, sur ce qu'il faudrait faire. L'on égratigne et l'on ne va pas au fond. Devant la pandémie comme devant la montée d'un fondamentalisme barbare, l'on sent nos démocraties malhabiles et désemparées, jusque sous la proclamation de principes souverains, jusque sous l'élaboration de stratégies prophylactiques et défensives, jusque sous l'érection – particulièrement dangereuse – de caricatures en irréformables cocoricos. Car il faut, bien sûr, quoi qu'il ait été dit en public, *renoncer* aux caricatures. Renoncer, non à la liberté d'expression, ni absolument aux caricatures, mais à certaines caricatures qui allument inutilement les poudres. La laïcité n'a d'autre raison d'être que de garantir un espace de tolérance : elle se met en péril lorsqu'elle se durcit en religion et en absolutisme. *Tout est permis, mais tout n'est pas profitable. Tout est permis, mais tout n'édifie pas* (1 Co 10, 23). Si ludique qu'elle s'imagine, la caricature *déforme* par définition tout ce qu'elle touche et, presque toujours, elle l'enlaidit. Face à une culture quasi totalitaire de la violence et de la vulgarité rarement dénoncée comme telle (les caricatures en sont *aussi* une manifestation), l'éducation de la société (et pas seulement des enfants), la fameuse *paideia* des Grecs, s'impose à nous comme une tâche toujours à reprendre. *Éduquer*, c'est-à-dire *faire sortir.* Faire sortir, non seulement de l'analphabétisme, mais de la bêtise, de l'abêtissement, de la servitude. Quiconque s'élève devient libre.

Touchant à l'actualité toute récente, j'ajouterai une simple observation, une simple suggestion, un simple souhait : dans un régime de laïcité vraiment équitable, ce serait un beau geste, un beau symbole, si les victimes de l'attentat de Nice (meurtres dans la cathédrale) recevaient les mêmes honneurs officiels que Samuel Paty (meurtre dans l'école)... Les célébrations publiques devraient-elles avoir, de façon si imperceptible que ce soit, leurs parents pauvres ?

Comme le terrorisme ciblé, pointe émergée d'un iceberg, épiphénomène d'un projet de déstabilisation mondiale qui nous donne le frisson, la pandémie nous a pris au dépourvu. Il est certain que nous avons fait preuve de légèreté. Les comportements qui ont suivi le premier confinement ont laissé voir beaucoup de hâte, d'inconséquence, de naïveté, lorsque ce n'était pas, chez certains, le mépris et le négationnisme purs et simples. Ce que nous traversons est inédit. L'épreuve nous a surpris dans un état d'impréparation sur lequel nous pouvons assurément faire porter notre examen de conscience personnel et collectif. Au vu d'une certaine frénésie de rattraper le temps perdu, du brassage estival de la population, il n'était pas besoin d'être grand clerc pour prévoir que nous allions tout droit, à plus ou moins court terme, vers une réitération de ce que nous avions connu au printemps. L'étourderie de l'homme et des sociétés est décidément une chose étrange. Mais ce n'est pas la première fois, dans l'Histoire, dans notre histoire (je pense aux années qui ont précédé la Seconde Guerre mondiale), qu'il en va ainsi. Plus fondamentalement encore, je pense que l'Histoire de l'humanité dans son entier, dans sa marche constante, est celle de ses impréparations. Ce sont en définitive ces impréparations mêmes qui en font ordinairement la matière, sauf à ce que certains visionnaires se lèvent de loin en loin pour en prévenir ou en inverser les effets. Il n'y a pas de préparation à l'Histoire qui nous emporte, et cet état de fait, parfois enthousiasmant, souvent cruel, contrarie vivement nos velléités, ou plutôt nos exigences de planification, comme si l'aplanissement du futur était une opération mécanique et un dû.

Avec cela, l'on entend et on lit parfois ces temps-ci certains propos qui, dénonçant la perte générale du sens de notre condition mortelle et un tutiorisme sanitaire excessif aux yeux de leurs auteurs, font inconsidérément, voire cyniquement, bon marché de la vie humaine. Il est facile de parler philosophiquement – religieusement – de la mort des autres, mais la mort, la vraie mort, rend généralement muets ceux qu'elle approche et, nous frappant un jour nous-mêmes, elle surprendra la vanité et l'assurance de nos propres discours. Le soin, si coûteux soit-il en termes d'effort collectif, que les autorités publiques manifestent pour la protection des plus âgés et des plus faibles honore notre humanité et trahit un progrès de civilisation sur lequel nous ne saurions revenir. Nous ne pouvons plus tolérer froidement d'hécatombes. Quant à comparer, au désavantage de la seconde, la jeune génération de 1914-1918 qui affronta l'horreur des tranchées à la jeunesse contemporaine qui traverse le Covid-19, cela n'a guère de sens. Les histoires de l'Histoire ne se comparent pas outre mesure : elles se suivent dans leur singularité, avec leur pénibilité propre. Chaque jeunesse porte, à un moment donné de l'Histoire, le mal spécifique de son siècle. En dépit de la fausse image qu'en donnent les clichés médiatiques, la jeunesse actuelle, confrontée à des incertitudes sans pareilles et souvent à la précarité, se montre bel et bien généreuse et courageuse elle aussi.

Bref, en dépit du déluge d'informations qui fond sur nous, nous ne savons pas grand-chose, en définitive, ni de l'épidémie, ni de ses origines, ni des mobiles qui président aux stratégies sanitaires qui lui sont opposées, ni des réseaux souterrains qui fomentent les actes terroristes, ni des destinées prochaines de ce monde. Parfois, sur tout cela que l'on agite sans fin, nous ne savons plus quoi penser. Tout cela qui nous arrive est tellement étrange, tout cela est tellement inédit ! C'est l'Histoire qui passe sur nous, sans que nous ayons pour autant le droit de déclarer forfait, sans que nous devions renoncer à en être les acteurs. Notre *être-là* est notre seule certitude : le pas suivant exige de notre part un acte d'énergie, d'espérance autant que d'abandon. Aussi, plutôt que de disserter éperdument sur ce que les autres auraient dû faire, sur ce qu'ils devraient faire, nous devrions – c'est tout ce qui nous reste – nous demander ce que *nous* allons faire, nous, à notre échelle bien modeste, pendant ce nouveau temps de confinement qui nous est imposé ; ce que nous allons faire de lui. Travail de « confection » qui peut nous sauver tout à la fois de la critique stérile, de l'angoisse et de l'ennui. Et, plus largement, ce que nous allons faire avec ce temps de désolation multiforme qui est le nôtre. Car ce temps est notre seule matière première à transformer, notre seul grain à moudre, notre seul textile avec lequel tisser l'avenir. En ce nouvel état de siège, il va nous falloir déployer des ressources intérieures, tirer du mâchefer des jours un minerai utile, un combustible insoupçonné. Encore ne suffit-il pas de faire de ce nouveau temps de confinement quelque chose pour notre usage personnel. Une tâche bien plus passionnante nous incombe : en faire quelque chose pour les autres, pour tous, tout spécialement pour ceux que cette épreuve afflige davantage, parce que leur condition matérielle, psychologique et sociale est plus fragile. En effet, si le confinement affecte nos relations sociales ordinaires, il nous invite à être créateurs d'un lien social plus sérieux, plus prévenant, plus fécond. Le confinement ne nous sépare pas : il nous provoque à faire corps avec plus de chaleur et d'ingéniosité dans le commerce mutuel de richesses plus intérieures, lesquelles ne sont pas moins vitales que les autres. Si les temps que nous traversons ensemble « minorent » nos aises et notre train de vie habituel, ils nous mettent dans l'urgence de découvrir et d'exploiter, dans une perspective fraternelle, notre *majesté* véritable. Il y a là pour nous une modalité et un exercice pratique de cette « communion des saints » dont la fête de Toussaint nous rappelle le mystère : non pas simplement un beau rêve d'au-delà, mais une réalité concrète et une obligation sociale. Un biographe de saint François d'Assise disait de lui qu'« il faisait de tout un escabeau pour monter à Dieu ». *Omnia suppeditabat ad Deum.* Tâchons donc de faire de ce temps de confinement, de la Toussaint à Noël (probablement...), un escalier pour monter. Pour monter à Dieu. Pour monter à Qui-que-ce-soit, à Quoi-que-ce-soit. Car je n'oublie pas, je n'oublie jamais mes amis agnostiques ou athées (ils me sont très fraternels). Bref, un temps pour monter plus haut dans la réalisation de ce qui nous fait hommes et femmes au plus intime, au plus sublime. Un temps pour gagner en dignité, en majesté, dans la considération lucide et courageuse de notre condition humaine qui transcende l'Histoire avec ses violences et ses calamités. Les événements de ces derniers jours, de ces derniers mois, pourraient nous faire régresser vers des peurs animales, des recherches farouches de sécurité, des durcissements identitaires dont nos

« ennemis » ne demandent qu'à faire le jeu. Lors même que certaines sirènes politiques, exploitant à l'envi cet instinct qui nous guette, nous pressent et nous promettent de tout fermer, quelque chose de plus profond, de plus vrai, de plus humain, doit s'ouvrir en nous et entre nous. Je vous renvoie à l'admirable sermon de Thomas Beckett aux femmes affolées de Cantorbéry, dans le *Meurtre dans la cathédrale* de T.S. Eliot : « Ouvrez les portes… » Nos confinements mêmes, nos confinements de toutes sortes, si nécessaires soient-ils, ne sont viables que s'ils s'accompagnent d'un mouvement de dilatation intérieure.

Comme le confinement précédent, celui-ci, contemporain d'autres événements dramatiques, nous confronte à des questions urgentes. J'en vois trois qui peuvent retenir notre médiation pendant ces semaines. Quels sont les fondamentaux véritables de notre culture française ? Quelle culture de masse avons-nous fabriquée depuis des décennies (je renvoie aux analyses magistrales de Hannah Arendt sur ce concept) ? La part de la violence et de la vulgarité y est énorme, alors que chaque individu, si modestes que soient sa condition sociale et son degré officiel d'éducation, possède un droit souverain d'accès à toutes les formes de la beauté. La « masse » n'existe pas d'elle-même : c'est avec la violence et la vulgarité qu'on la fabrique à des fins inavouées d'asservissement. Tout homme est, en réalité, de haute naissance, et ne demande qu'à être honoré dans son ouverture foncière au mystère qui le dépasse. Une culture de la violence, si virtuelles et si perfidement ludiques qu'en soient les formes, ne saurait générer que cette violence dont nous déplorons en ce moment, étonnés qu'elles retombent sur nous, les manifestations immaîtrisables et chaotiques. Troisième question enfin, alors que le confinement va suspendre notre vie liturgique officielle pendant un « Avent » plus long que de coutume : quels vivres substantiels offrons-nous au Peuple de Dieu ? À quelle dignité, à quelle majesté l'élevons-nous ? Que suscitons-nous en lui d'intelligent et de vif pour qu'il ne devienne pas une masse, lui non plus, endormie dans une religiosité morose et consommatrice ? Que va-t-il célébrer, et comment va-t-il célébrer pendant ce temps de « vacance », puisque, en réalité, l'acte de célébrer – l'eucharistie – ne connaît jamais de trêve ? *Restez toujours joyeux. En toute circonstance soyez dans l'action de grâces* (1 Th 5, 16-18).

Dans la grande tourmente qui nous affecte tous, qui nous rejoint tous, jusque dans nos îles les plus lointaines et nos retraites les plus profondes, ma confiance va aujourd'hui, ma confiance va toujours à l'immobilité des monts, à la jovialité enfantine du ruisseau qui se rit des obstacles, à l'impression du hêtre déjà nu sur le ciel du soir, aux mains et aux visages amis, au son intempestif des cloches qui, à travers le bourg consciencieusement confiné, appelle quelques personnes âgées à la messe dominicale. Ce temps nous invite à rassembler, comme l'on fait son bagage avant un voyage sans retour, tout ce qui compte d'essentiel. Ce temps réduit notre embonpoint existentiel, met à bas l'importance que nous nous donnons à nous-mêmes pour révéler notre majesté véritable : celle d'êtres incroyablement fragiles, mais capables d'émerveillement, d'invention et de tendresse. La fragilité soudain plus sensible de notre *vivre* peut le rendre plus léger, mais d'une légèreté qui est tout autre chose, elle, qu'une étourderie.

Tout à l'heure, alors qu'un soir étonnamment serein jettera ses derniers feux sur le pelage des vieux puys qui, autant que celui des bêtes de l'étable, appelle la caresse, nous entrerons dans la solennité de la Toussaint, c'est-à-dire dans la magnificence de l'invisible, dans la fête de l'humanité sous le soleil de l'Agneau, dans le réseau *social* le plus vaste qui se puisse concevoir, au-delà de toute violence et de tout affolement. Sur l'Antiphonaire resplendit, comme un signe de victoire, le grand V de la première antienne des vêpres, promesse d'un monde sans frontières et dont l'amour est le seul ciment : *Vidi turbam magnam...*

Voici qu'apparut à mes yeux une foule immense que nul ne pouvait dénombrer, de toute nation, race, peuple et langue, debout devant le trône et devant l'Agneau, vêtus de robes blanches, des palmes à la main [...]. Ce sont eux qui viennent de la grande épreuve : ils ont lavé leurs robes et les ont blanchies dans le sang de l'Agneau [...]. L'Agneau qui se tient au milieu du trône sera leur pasteur et les conduira aux sources des eaux vives. Et Dieu essuiera toute larme de leurs yeux (Apocalypse 7, 9 ; 7, 14-47).

Dans cette immensité de l'humanité que l'Apocalypse évoque à travers de somptueuses images, chacun de nous est unique. Dans cet anonymat, chacun de nous garde son nom. Voilà de quoi soutenir notre espérance.

Lettre de la montagne

In illa die stillabunt montes dulcedinem, et colles fluent lac et mal, alleluia ! « En ce jour-là, les montagnes ruisselleront de vin nouveau, des collines couleront le lait et le miel, alléluia ! » C'est avec ces mots, empruntés au prophète Joël (3, 18) ou au prophète Amos (9, 13), que débutera ce samedi soir, à vêpres, une nouvelle année liturgique : cette antienne est en effet la première à figurer au *Temporal* de l'Antiphonaire. Au calendrier de l'Avent, si l'on veut, mais un calendrier tout autre, évidemment, que celui qui scande la marche commerciale et séculière vers les « fêtes de fin d'année ». « En ce jour-là, les montagnes ruisselleront de vin nouveau, des collines couleront le lait et le miel… » De quelle belle histoire est-ce là le commencement ? Pure imagination ? Pure utopie ? Tout cela est au futur, comme à l'infini d'une ligne de fuite. Le futur, ce temps non pas seulement grammatical, mais subjectif, mais intérieur, dont nous avons besoin pour tenir debout dans le présent, pour que le présent lui-même tienne debout. « En ce jour-là, les montagnes ruisselleront de douceur… » Car il faut garder toute sa saveur, toute sa beauté, tout son mystère, au terme *dulcedo* par lequel la Vulgate a traduit le terme hébreu qui désigne le « moût ». *Dulcedo*… Un terme majeur de la piété et de l'expérience spirituelle ; celui qu'enlumine le *Salve Regina* sur lequel s'achève, avec le jour, l'office des complies : *Vita, dulcedo et spes nostra, salve !*

« En ce jour-là, les montagnes ruisselleront de douceur… » Vous dirai-je, chers amis, que c'est cette antienne, que ce sont ces mots qui me sont venus l'autre jour à la mémoire, comme spontanément, tandis que de la montagne de l'Angle je voyais se dessiner dans une atmosphère d'une rare limpidité d'autres montagnes prochaines, et puis loin, très loin, les hauteurs du plateau corrézien, jusqu'à des horizons que l'on aurait dit confectionnés dans le tissu du ciel. Vue de cette altitude modeste, mais suffisante (l'altitude est en fait quelque chose d'incalculable, parce que subjectif), la terre, toute la terre visible semblait à la fois somnoler et sourire : les monts, ici, les monts eux-mêmes, sont des ruminants. Il y a quelque chose d'infiniment doux pour les yeux – pour l'homme intérieur – dans cette vaste dévalade de là-haut vers en bas, vers là-bas, de seuil en seuil, à travers des plans d'horizon dont l'éloignement croissant nuance les bleus, les violets et les gris jusqu'à l'évanescence ultime. Oui, il y a bien quelque chose qui ruisselle des montagnes. Quelque chose qui circule, qui s'échange, tout bas, entre ces vagues immobiles de la terre qu'a équarries, érodées, façonnées une longue main sans âge. Quelque chose que l'on reçoit, et que l'on a envie de donner à son tour, non avec la superbe « surhumaine » de Zarathoustra, mais avec la simplicité de l'Inventeur des Béatitudes (voir Matthieu 5, 1-12). Quelque chose que l'on avale – eau, lait, vin, miel, que sais-je ? – et que l'on a envie de faire dévaler à son tour comme une bonne nouvelle. « En ce jour-là, les montagnes ruisselleront de douceur... » J'ai posé ces mots comme un phylactère sur les montagnes réelles, ou plutôt ce phylactère – cette banderole de Sainte Écriture – se superpose tout seul sur les montagnes, et c'est sous son signe que je voudrais placer les mots que les circonstances me suggèrent de faire couler à mon tour : c'est à la terre, à cette terre-là, taciturne autant qu'immuable, que je demande l'inspiration ; c'est auprès d'elle que je la recueille, en participant insensiblement, à la longue, de son tempérament secret. À force de gravir la montagne, peut-être devient-on montagne soi-même, tout pénétré que l'on devient de sa silencieuse gravité. La montagne est utile.

Dulcedo... La douceur. Ce mot-là n'est-il pas un maître-mot ? Aussi bien n'est-ce pas de douceur, surtout, que nous avons besoin en ces temps qui sont les nôtres, tandis qu'une année liturgique passablement déconcertée va s'ouvrir sur une autre que nous espérons plus tranquille, tandis qu'une année historique bien sombre va céder bientôt la place à une autre que nous espérons plus respirable ? Nous n'en finirions pas, en effet, de faire l'inventaire de la violence des temps. Celle de l'épidémie, bien sûr, mais plus encore celle de tout ce qui l'escorte. Celle de la casse économique, celle des épisodes terroristes, celle des guerres (celle, en particulier, qui vient d'opposer l'Arménie et l'Azerbaïdjan), celle des oppositions partisanes dont la plus grande démocratie du monde vient de nous donner le spectacle, celle des actes policiers et anti-policiers, celle des revendications de toutes sortes que suscite la laborieuse, sinon impossible quadrature du cercle entre les exigences économiques et les exigences sanitaires (il faut être raisonnable : on ne peut tout avoir en même temps). Une violence – une certaine violence, oui, oserai-je le dire ? –, à laquelle certains catholiques mêmes, ces temps-ci, hélas, ne se sont pas montrés étrangers.

Nous sommes assurément en manque de douceur. Mais une douceur qui ne soit ni un simple rêve, ni une sucrerie, ni une friandise, ni une confiserie artificielle, ni un entracte, ni un mensonge, ni une mièvrerie. Une douceur qui soit une promesse. Un futur. Un horizon. Pour être difficile, pour être lointain, l'horizon n'en est pas moins réel. Posons l'équation de la douceur et de la solidité. Posons l'équation, à l'infini, à l'intime, de la douceur et de l'à-venir. La grâce de l'espace intérieur, comme celle de l'espace matériel, est d'adoucir tout ce qu'il met à distance.

Étrange année liturgique que celle qui vient de s'achever. Année liturgique au fil de laquelle il m'est venu de vous accompagner. Par moments. Par moments importants (un *moment* est aussi une espèce de *mouvement* musical). Avouerai-je que cet accompagnement inédit, et dont je n'avais pas auparavant l'idée, aura profondément marqué pour moi cette année liturgique, avec tous les liens et toutes les amitiés qui en ont procédé, au point que cet accompagnement lui-même est devenu pour moi, en ce moment historique et ecclésial que nous traversons, une espèce de liturgie ? Une autre manière de célébrer. Une autre manière de faire eucharistie.

Et nous voici parvenus ensemble à l'aurore, à l'orée d'un nouvel Avent. Aurore, parce qu'un jour nouveau est possible. Orée, parce qu'une nouvelle forêt se lève. Une forêt d'êtres vivants comme autant d'arbres fraternels, capables d'entrecroiser l'ombre avec la lumière (celle-ci ne va jamais sans celle-là). Avent. *Adventus*. Non pas ce qui précède dans la linéarité du temps chronologique (avant), mais ce qui advient dans la densité, dans le secret abyssal du temps intérieur. Maintenant. Mais au vrai, que va-t-il nous arriver ? Que peut-il nous arriver ? Que nous arrive-t-il d'ores et déjà ? Une réalité que la liturgie de l'Avent nous désigne en termes prophétiques, poétiques, apocalyptiques, mais qui est d'abord et qui sera toujours éminemment intérieure. Ce qui nous arrive – ce qui nous arrive sans cesse, en fait, c'est le Royaume. Car *le Royaume est à l'intérieur de nous* (voir Luc 17, 21). Il est inutile, il est vain d'attendre, à l'horizon physique du monde, un monde sans catastrophes ni cataclysmes. Il est vain, il est inutile d'attendre, à l'horizon historique de l'humanité, une société, une cité idéale : la violence et la barbarie sont aussi vieilles que l'homme et auront sans aucun doute la vie aussi longue que la sienne. Il est tout aussi vain, il est tout aussi inutile, d'attendre même une Église idéale : inextricable du monde au milieu duquel elle chemine, l'Église sera toujours percluse d'infirmités. De nos infirmités, pour ne pas dire davantage. Partant, il est malhonnête de faire attendre indéfiniment, machinalement, à tout le monde, sous couleur politique ou religieuse, un monde idéal, une société idéale, une Église idéale. Ce n'est pas, ce n'est plus, ce ne peut plus être vers ces horizons-là, idéologiques, mensongers, infantiles, que regarde l'Avent véritable. Reste le Royaume, possible, toujours possible, à l'intérieur de nous. Reste pour chacun de nous la possibilité – la présence modeste et mystérieuse – du Royaume. Reste à prendre la direction que le Seigneur suggère à Abraham lorsqu'il le met en marche. Littéralement : *« Va vers toi ! »* (Gn 12, 1). Reste, non le petit Jésus, mais le Fils de l'Homme qui prend lui-même cette direction que nous tardons tant à prendre, qui nous précède jusque dans notre domicile le plus intime, le plus misérable, voire le plus infect, et qui nous murmure avec une délicatesse indicible : *« Descends vite ! Aujourd'hui, il faut que je demeure chez toi »* (Luc 19, 5). L'on ne peut attendre du nouveau que de ce côté-là. *Jérusalem, regarde vers l'orient, et vois la joie qui te vient de ton Dieu*, comme chante une autre antienne de l'Avent (Baruch 4, 36). L'on ne peut qu'attendre le Royaume, que s'attendre au Royaume au plus profond de soi. Cette attente-là, l'attente de cet « advenir »-là, est décisive, car elle engage notre « devenir » même. Et sauf à verser dans l'utopie et le mensonge, rien d'important ne peut arriver au monde, autour de nous, si chacun de nous ne se tient pas à ces profondeurs-là, ne s'attend lui-même à cet endroit-là. Le Royaume ne peut advenir au monde s'il ne commence d'advenir en moi-même, puisque le Royaume a en chacun de nous son plus modeste et plus certain commencement. Inutile d'attendre passivement, paresseusement, qu'il advienne quelque chose d'heureux au monde, si je ne « deviens » pas. *Et le Verbe s'est fait chair* (Jn 1, 14) : cet Événement unique, à la fois infime et immense, qui est au terme de l'Avent et qui fait tout l'objet de notre attente, cet Événement attend mystérieusement chacun de nous, car c'est en chacun de nous qu'il se passe, car c'est de chacun de nous qu'il se fait. L'incarnation du Verbe « crèche » en chacun de nous et y élit domicile. Le Fils de l'Homme, l'Homme capital, l'Homme crucial, nous invite tous dans l'aventure de son incarnation. Chacun de nous peut offrir à la Parole vive, au Verbe, ce dont Il a besoin, Lui, dans son infinie pauvreté, pour se faire chair. Notre vrai « devenir » est Son « devenir » en nous. Là est toute la noblesse, toute la beauté de notre devenir d'hommes. Il n'y a pas de Dieu abstrait, ni théorique, ni absolu, ni général, ni monarque, ni obligatoire. Il n'y a, pour chacun de nous, obscurément faite de chacun de nous, qu'une « idiosyncrasie » de Dieu (autrement dit une incarnation singulière de la Parole), et il y a un Dieu exquis de la relation que ces idiosyncrasies diverses ont à cœur d'entretenir les unes avec les autres, à des profondeurs inédites.

L'air du temps, largement reflété par les médias, oscille entre l'anxiété et l'impatience du consumérisme. L'Avent, l'austère Avent, le doux Avent, nous libère de celle-ci comme de celle-là. L'on nous fabrique de la dinde et du sapin notre seul horizon désirable, notre horizon obligatoire, on nous les promet, malgré tout, tant l'impatience est grande, tant elle gronde parfois. Et voilà, par-dessus le marché, si j'ose dire, qu'une certaine revendication tapageuse du culte, contemporaine de celle des commerces, est venue – encore une fois – dangereusement, pitoyablement, ridiculement, aligner la fréquentation du mystère de la foi sur celle d'un commerce, aligner le supermarché du religieux sur les autres supermarchés. Tout cela signale une grande confusion des esprits *ad intra* et donne à ceux du dehors une bien piètre image de la catholicité. Il y a là un grand sujet de tristesse. Un simple consentement à la législation en vigueur, insoupçonnable de malveillance, serait tellement plus édifiant et porteur d'évangile… La manifestation (la « manif ») ne peut être un mode de présence de la catholicité – du chrétien, tout simplement – au cœur de la société, parce qu'elle ravale au niveau de la mondanité tout ce qu'elle revendique. Elle l'est déjà depuis trop longtemps.

Décidément, les ressources de notre vie spirituelle ne sont pas des biens de consommation parmi d'autres, comme les autres. Tâchons de faire chemin pour nous établir au-delà des certitudes fabriquées et des consolations immédiates. Au-delà du religieux, du « sacré » tout-puissant et intolérant, pour entreprendre, pour affronter le véritable questionnement du sens de notre *être-au-monde*. Le « Dieu » jaillissant, ruisselant, qui transpire de l'Évangile n'exige aucun culte (voir Jn 4, 21-24), de sorte que nous ne pouvons rien exiger en son nom (même en pleine période de persécution, les Pères apologistes des premiers siècles ne le faisaient pas). La révélation de « Dieu », le mystère ne se met pas en boîtes. Aucun énoncé catéchétique, aucun exercice de piété, aucune cérémonie, si décorée et animée soit-elle, ne nous dispenseront jamais d'aller chercher profond en nous, profond dans la vie ordinaire, jusqu'à ces régions où la Source commence de sourdre. La Source n'est pas la vraie, s'il ne s'y mêle un peu de nos larmes et de nos soifs. Si jamais notre Noël venait à être dépourvu du décor officiel auquel on le réduit, du standing existentiel auquel on le contraint, auquel on nous réduit nous-mêmes, ce ne serait pas une catastrophe, mais plutôt une bénédiction. Davantage, si jamais les circonstances sanitaires exigeaient à nouveau qu'il fût sans cérémonie religieuse, cela ne serait ni dramatique, ni injuste, ni intolérable, pourvu que, cette nuit-là, nous descendions tout au fond de nous-mêmes, en notre centre, là où la Parole vive prend chair, et que nous partagions entre frères humains la joie de cet Événement.

Rorate caeli desuper, aperiatur terra et germinet Salvatorem. « Cieux, faites pleuvoir votre rosée ! Que la terre s'ouvre et qu'elle fasse germer le Sauveur ! » Ce verset d'Isaïe (45, 8), central dans la liturgie de l'Avent, et dont le XVIIe siècle musical a su tirer une si émouvante prière, nous suggère un double mouvement par lequel quelque chose d'inouï, d'indicible et d'incompréhensible nous arrive, nous advient. *Adventus*… Il y a là, en termes de nature, une averse et une germination. Il y a, en termes plus théologiques, une grâce et une œuvre. La germination attend l'averse, bien sûr : c'est dans l'ordre naturel des choses. Mais l'averse attend aussi la germination, comme une réponse, comme un aboutissement. Il y a une libéralité de Dieu, une *douceur* (nous revenons à elle…), et il y a une obscure poussée de Dieu tout au fond de l'homme. Il y a le ciel, et il y a la terre. Il y a le Très-Haut, et il y a le Très-Bas. Il y a le don de Dieu, et il y a un mystérieux effort de Dieu au fond de nous. Vivons cet Avent, non comme l'attente impatiente et gourmande des « fêtes de fin d'année », mais en recevant le mystère par toutes les portes du ciel, par tous les pores du monde et de la vie, par tous les mots de la Parole à travers lesquels il se donne obscurément à nous, même si certaines médiations sacramentelles, cérémonielles et communautaires sont pour quelque temps encore plus difficilement accessibles. Vivons-le, non comme la simple réédition infantile de la venue d'un petit Jésus, mais en épiant le Dieu caché, le Dieu inconnu qui pousse en nous, petit à petit, à travers tant de graviers et de ronces, et qui attend que nous épousions le dynamisme de son incarnation. Ce « Dieu » que nul ne peut nommer, ni posséder, ni revendiquer, ni imposer aux autres. Ce « Dieu » qui fait peur à certains, et auquel tant d'hommes et de femmes sont devenus indifférents ou hostiles, parce que nous l'avons rétréci, parce que nous l'avons défini, parce que nous l'avons confisqué, parce que nous l'avons compromis avec des réalités temporelles parfois très contestables et caduques.

« En ce jour-là, les montagnes ruisselleront de douceur… » Il ne s'agit pas là d'un beau rêve sans cesse ajourné, ni d'un événement miraculeux, idéal, imaginaire, dont l'échéance reculerait sans cesse. Cette douceur nous attend comme ses artisans. Elle nous met à l'œuvre. L'Avent n'est ni le simulacre ni le mime d'une attente : il est de notre responsabilité au cœur de ce monde. Il est pure grâce, mais il est aussi entre nos mains. Comme il advient en nous, et à proportion de ce qu'il advient en nous, le Royaume advient *par* nous, et ne peut advenir désormais que *par* nous, tant est considérable la responsabilité que Jésus-Christ, le Nouveau-Né, nous a laissée face au monde et au cœur du monde. Et l'exercice de cette responsabilité est la manière éminente de faire eucharistie. Les premières générations chrétiennes attendaient un retour imminent du Christ : face au démenti que l'histoire apportait à cette hâte, Paul, qui l'avait d'abord partagée (1 Th 4, 14-18), recommandera plus tard à ses communautés une longue patience (2 Th 2, 1-3). Peut-être aurions-nous besoin que l'on nous remette à l'heure, à notre tour, non pour nous désigner un avenir lointain, mais une urgence intérieure. Comme l'horizon, si impalpable qu'il paraisse, n'est fait que des reliefs solides de la terre, l'avenir n'est fait que des œuvres responsables que l'on pose dans le présent.

Gratitude

Chers amis,

Ce court billet pour exprimer ma gratitude à tous ceux et celles qui ont eu la curiosité, la patience, la gentillesse de lire mes longues publications de ces derniers mois. J'avoue être étonné, émerveillé, de constater que des textes aussi longs, denses, difficiles aussi, aient pu rencontrer une pareille audience. Pour moi, c'est une révélation, une bonne nouvelle, un événement *émouvant* au sens le moins superficiel du terme. J'ai été frappé par la qualité des échanges que ces textes ont suscités, par leur profondeur, par leur liberté, par leur beauté. Je vous demande pardon si je n'ai pu entrer dans plus de détail avec chacun dans mes réponses. En tout cas, tout cela est bien l'indice d'une attente et d'une soif.

Le texte sur l'Eucharistie a été très abondamment suivi. Cela tenait aux circonstances particulières de la reprise des célébrations publiques après le premier confinement, sans doute, à la recrudescence des débats lors du second, mais, plus fondamentalement, je crois, à l'importance vitale de la fraction du pain dans nos vies personnelles et communautaires. Cet intérêt eucharistique est un signe de santé du Peuple de Dieu.

Pendant des siècles, on a élaboré une « physique » de l'Eucharistie, fondée sur des concepts aristotéliciens qui ont présenté en leur temps un intérêt, mais qui nous laissent aujourd'hui, si j'ose dire, sur notre faim. L'on a vu aussi par le passé, ancien ou récent, de belles mystiques individuelles de l'Eucharistie (union personnelle à Jésus-Christ). Pour l'avenir, et me souvenant de cet « aspect social » des éléments de la foi chrétienne, cher au père de Lubac (*Paradoxe et mystère de l'Église*), je vois la nécessité d'une *politique*, d'une *économie* et d'une *mystique collective* de l'Eucharistie : autant de manières d'aborder, bien loin de la fabrique du sacré, la question de notre *devenir ensemble corps du Christ dans ce monde et pour ce monde* ; autant de manières de désigner la transformation de notre vie dans la cité et dans le monde par le geste de Jésus. Fraction du pain, c'est-à-dire notre fragilité à nous et la fragilité de Dieu se donnant la main, se prenant l'une et l'autre réciproquement en main.

Et encore une fois, j'y tiens, l'enjeu de ces temps qui sont les nôtres n'est pas seulement de procéder à des réaménagements institutionnels de surface, si sensationnels soient-ils, si médiatiques soient-ils, mais de descendre tout au fond, d'interroger les contenus et les formulations de notre foi elle-même. Avouer la grande nuit que nous partageons avec tous nos frères en humanité et cheminer avec eux dans une foi *modeste* et *spacieuse* : là est la tâche fondamentale et très attendue de l'Église, bien plus que de chercher à conserver pignon sur rue. L'« ininstallation », en somme, plutôt que l'*establishment*.

La nouvelle année liturgique en laquelle nous entrons nous met particulièrement au travail de la foi : non pas seulement réciter ni énumérer Dieu, machinalement, mais entrer, par l'humanité de Jésus, dans la vie qui nous aspire, dans la vie qu'il nous inspire. *« Père, Seigneur du ciel et de la terre, je te rends grâces, parce que tu as caché ces choses aux sages et aux savants, et tu les as révélées aux tout-petits »* (Mt 11, 25).

Je demeure avec vous. Merci à toutes les « boutiques obscures » qui se sont découvertes, qui se sont ouvertes ! La rue des Boutiques obscures est vraiment la rue la plus fraternelle qui soit.

Gratitude, donc. Cela suffira pour aujourd'hui, n'est-ce pas ? Toute ma gratitude envers vous. Car toute parole importante est l'œuvre de ceux qui la reçoivent autant que de celui qui la propose. Comme disposition fondamentale de notre *être-au-monde,* comme première réponse donnée par nous à notre simple *être-au-monde,* la gratitude est l'une de ces vertus élémentaires (tout à fait inofficielles) qui devraient figurer dans un catéchisme rénové et former l'armature solide d'une éthique vraiment contemporaine. La gratitude est une vertu matinale. J'essaie de m'y ouvrir ces temps-ci chaque matin, en regardant, par la fenêtre, la neige inventer aux arbres d'étonnantes frondaisons. Et je présente moi-même toute la frondaison, toute la façade intérieure de mon être à cette manne dont l'œil sans cesse s'émerveille, à cette matinale clarté. Je n'ai plus d'autre prière désormais, peut-être, que celle-là. La gratitude ne suit pas le don : elle l'accompagne, elle le précède même, elle l'« invente ». Tâchons de nous éveiller à la gratitude. Tâchons d'y éveiller nos contemporains. Tâchons plus encore de donner à tout homme les conditions matérielles, psychologiques et spirituelles indispensables pour qu'il puisse accéder, comme au plus haut niveau de vie, à la simple gratitude d'être au monde. Tâchons d'entrer dans la *gratitude* du Fils de l'Homme. *« Père, je te rends grâces »*… C'est par ce chemin de gratitude que, les yeux fermés (la lumière matinale reçue au-dehors demande à être méditée au-dedans), nous pourrons accéder, si possible, à l'Inconnu, à l'Invisible, à l'Inouï, sur lequel il nous a appris à poser le nom de *Père*.

Ligugé, Le Mont-Dore, mars-décembre 2020

Table

Achevé d'imprimer par
Corlet
14110 Condé-en-Normandie

Réalisation : Nord Compo à Villeneuve-d'Ascq
Dépôt légal : mars 2021
ISBN : 979-10-210-4647-4
N° d'édition : 4576
N° d'impression : 21020521
Impression en France